Nouveau livre de scénarios sociaux 1994

Les scénarios sociaux compris dans ce livre ont été soigneusement conçus pour les enfants et les adultes atteints d'autisme.

Nouveau livre de scénarios sociaux 1994

Les scénarios sociaux compris dans ce livre ont été soigneusement conçus pour les enfants et les adultes atteints d'autisme.

Titre original
The Social Story Book, 1994
©Jenison Public Schools

Cet ouvrage a été traduit et adapté en français par
Christian Bouchard, Services linguistiques et
Ulla Hoff, psychologue au Centre de Ressource régionale
d'aide en autisme, Québec, 1996

Préface

Carol Gray

Les scénarios sociaux visent à fournir aux personnes autistes de l'information exacte sur les diverses situations dans lesquelles elles se retrouvent dans la vie courante. Plusieurs autistes semblent bénéficier de ce genre d'information écrite : leurs réactions dans diverses situations sociales s'en trouvent améliorées. Les scénarios sociaux ont aussi été utilisés avec succès dans l'enseignement de matières scolaires.

Cette méthode a vu le jour au début de l'année 1991, alors que j'observais un enfant autiste désorienté par le jeu que les enfants de sa classe apprenaient au cours d'éducation physique. J'ai écrit une scène qui décrivait les règles du jeu et les réponses des autres enfants à ces règles. L'enfant autiste a lu la scène une fois par jour, chaque jour de la semaine suivante. De retour au cours d'éducation physique la semaine suivante, l'enfant avait compris les règles et il pouvait prendre part au jeu et s'amuser. Les résultats étaient si concluants et si immédiats que d'autres scènes ont été écrites relativement à d'autres situations qui causaient des problèmes à cet enfant. Ces scènes eurent le même heureux résultat. Comme la plupart des scènes portaient sur des situations à caractère fortement social, ou sur des situations ayant des répercussions sociales, nous les avons appelées «scénarios sociaux».

Joy Garand, une enseignante de Cincinnati, Ohio, spécialisée en adaptation scolaire, a pris connaissance de cette méthode, quand je l'ai présentée au congrès annuel de ce même été à Indianapolis. L'utilisation massive qu'elle fit des scénarios sociaux au cours de l'année suivante contribua grandement à faire connaître cette méthode. Ayant obtenu de bons résultats, elle m'écrivit pour me faire part de ses expériences. Les scénarios sociaux qu'elle avait écrits ont largement contribué à faire intégrer ses élèves dans des classes régulières. Sa créativité, sa perspicacité, son expérience et son enthousiasme ont été déterminants dans la popularité que connurent, dès lors, l'utilisation des scénarios sociaux.

Au début de 1992, j'ai commencé à élaborer des directives pour la rédaction de scénarios sociaux, afin que d'autres intervenants puissent utiliser cette méthode efficacement. Joy Garand, ainsi que deux mères, Susan McDowell et Pat Wilson, respectivement d'Indianapolis et de Gary (Indiana), m'ont fait part de leurs commentaires à la suite de leurs expériences après avoir utilisé des scénarios sociaux. Leurs commentaires ont servi à élaborer des directives pour la rédaction de scénarios sociaux. Ces directives font l'objet de révisions et de mises à jour continuelles, qui tiennent compte des expériences rapportées par de nombreux parents et professionnels qui nous aident à étendre notre base d'expérience.

Les personnes qui composent des scénarios sociaux ont souvent signalé deux obstacles majeurs dans leur entreprise. Premièrement, ces personnes hésitaient à écrire leur premier scénario social de crainte de « faire quelque chose d'incorrect ». Deuxièmement, il fallait beaucoup de temps pour écrire ces scénarios. Bien que beaucoup d'entre elles aient reconnu que les scènes donnaient des résultats positifs, le large éventail de sujets pouvant être traités rendait cette méthode souvent exténuante, lourde et inefficace, particulièrement quand on tentait d'utiliser les scénarios sociaux sur une large échelle.

Pour remédier à ces difficultés, 250 élèves des programmes de psychologie et de sociologie de l'école secondaire Jenison ont reçu une formation en vue de la rédaction de scénarios sociaux. Ils ont acquis une compréhension de base du fonctionnement socio-cognitif des personnes autistes ainsi que des modèles et des conseils pour la rédaction de scénarios à l'intention de personnes autistes. Chaque élève a écrit un scénario social, à partir d'un sujet de son choix parmi tous ceux qui avaient été soumis par des parents et des professionnels de partout au pays. Cet effort collectif a produit 300 scénarios sociaux portant sur une multitude de sujets ; 208 de ces dernières se retrouvent dans le premier *Livre de scénarios sociaux*. Le but de cet exercice était, d'une part, de montrer qu'*à peu près n'importe qui* pouvait composer un scénario social, pour peu qu'il ait une formation minimale, et, d'autre part, de produire le *Livre de scénarios sociaux édition de 1994*, pour rendre la méthode encore plus efficace.

Dans ce livre, les auteurs mettent en commun leur connaissance du monde qui entoure les personnes autistes. Nous souhaitons tous, c'est-à-dire chacun des élèves de psychologie et de sociologie, leur enseignante, Sandy Johnson, mes adjointes, Karen Lind et Sue Jonker, la maison d'édition et moi-même, que ces scénarios vous aideront à obtenir de bons résultats.

Nous apprécierions que vous nous fassiez part de vos commentaires et de vos idées, à la suite de vos expériences avec cette méthode ; ils pourraient nous aider à améliorer les scénarios sociaux.

Table des matières

Chapitre 1 : Habiletés sociales

1. La gomme à mâcher 1
2. Donner un cadeau 2
3. Le bonheur c'est se sentir bien 3
4. Aider les autres 4
5. Comment serrer quelqu'un dans ses bras 5
6. Comment saluer une personne 6
7. Comment faire plaisir à une personne 7
8. Comment se servir du téléphone 8
9. Jouer de façon juste 9
10. Recevoir une gâterie à l'école 10
11. Partager 11
12. Partager des jouets 12
13. Sourire 13
14. Qu'est-ce que je fais pour dire : « Allô » sans dire un mot 14
15. Quand dois-je dire : « Merci » ? 15
16. Quand dois-je dire : « Excusez-moi » ? 16
17. Regarder pendant que j'écoute 17

Chapitre 2 : Les gens et les animaux de compagnie

18. Est-ce que je peux prendre le bébé ? 21
19. J'ai un chat 22
20. Je joue avec mon chien 23

Chapitre 3 : Les soins personnels

21. Les cauchemars 27
22. Prendre une douche 28
23. La douche 30
24. Comment se raser 31
25. Comment se laver les mains 32
26. Pourquoi se laver les mains ? 33
27. Pourquoi je porte des vêtements 34
28. Pourquoi porter des chaussures ? 35
29. Ma nouvelle chemise 36
30. Quand je suis malade 37
31. Les thermomètres 38

Chapitre 4 : La cuisine et les repas

32.	Comment faire des carrés au chocolat ?	41
33.	Manger à la table	43
34.	Comment manger du spaghetti ?	44
35.	Comment se comporter à table ?	45
36.	Comment mettre la table pour les repas ?	46
37.	Je vais mâcher ma nourriture discrètement aux repas	47
38.	Prier avant de manger	48
39.	Goûter à des plats nouveaux	49
40.	Pourquoi manger des aliments sains ?	50

Chapitre 5 : Aider aux travaux ménagers

41.	Faire le ménage de ma chambre	53
42.	Faire mon lit	54
43.	Éteindre les lumières	55
44.	Éteindre les lumières	56
45.	L'aspirateur	57
46.	Quand est-ce que j'ai du courrier ?	58

Chapitre 6 : Les récréations et les jeux à l'extérieur

47.	Puis-je cueillir des fleurs ?	61
48.	Se reposer	62
49.	Pourquoi faut-il jouer dehors ?	63

Chapitre 7 : Au sujet de l'école

50.	Se préparer pour aller à l'école le matin	67
51.	Comment aller à l'école en toute sécurité	69
52.	Prendre l'autobus scolaire	71
53.	La remplaçante	72
54.	Écouter l'enseignante	73
55.	Qu'est-ce que je dois faire quand l'enseignante parle ?	74
56.	Attendre mon tour pour parler en classe	75
57.	Rester tranquille en classe	76
58.	Comment demander de l'aide ?	77
59.	Poser des questions en classe	78
60.	Voulez-vous, s'il vous plaît, répéter ?	79
61.	Qu'est-ce que je suis censé faire quand j'ai du temps libre ?	80
62.	Les réunions	81
63.	Quand l'alarme de feu est sonnée	83
64.	Qu'est-ce que je fais pendant un exercice pour le feu ?	84
65.	Les annonces de l'après-midi	85
66.	Pourquoi dois-je faire des devoirs ?	86

Chapitre 8 : Les déplacements

67.	Les escaliers roulants	89
68.	Conduire une auto	90
69.	Circuler en auto	91
70.	Boucler la ceinture	92
71.	Pourquoi dois-je boucler la ceinture de sécurité ?	93

Chapitre 9 : Les gens du voisinage

72.	Aller au lave-auto	97
73.	Aller à l'église	99
74.	Comment se tenir pendant la prière ?	100
75.	Aller à la bibliothèque	101
76.	Pourquoi je vais me faire couper les cheveux ?	102

Chapitre 10 : Les restaurants et les magasins

77.	Une sortie au restaurant	105
78.	Attendre qu'une table soit libre	106
79.	Une sortie au restaurant	107
80.	Parler au restaurant	108
81.	Quand puis-je manger avec mes doigts ?	109
82.	Une sortie au restaurant	110
83.	Le magasinage	111
84.	Acheter des souliers	112

Chapitre 11 : Le temps qu'il fait

85.	La grêle	115
86.	Les jours de pluie	116
87.	Comment faire un ange dans la neige ?	117
88.	Les orages et le tonnerre	119
89.	Que faire quand il pleut ?	120
90.	Les pannes de courant	121
91.	Des orages, ça peut faire du bien	122

Chapitre 12 : Les jours de fête, les vacances et les loisirs

- 92. La Saint-Valentin 125
- 93. L'hymne national 126
- 94. Le feu de la Saint-Jean 127
- 95. La natation 128
- 96. Les vacances 129
- 97. Une visite au zoo 130
- 98. Une sortie au théâtre 131
- 99. Une journée au stade 132
- 100. Les jeux vidéo 134

Chapitre 13 : Matériel pour l'élaboration des scénarios sociaux

Préparatifs 137
Pour élaborer un scénario social 138
Conseils pour la rédaction d'une première scène de la vie en société 140
Variantes..141
      Scénarios séquentiels 141
      Scénarios scolaires 142
      Un scénario social type 143
      Autres variantes de scénarios sociaux 143
Présentation d'un scénario social..145
Application et évaluation d'un scénario social 146
Révision : jeu-questionnaire 148

Appendice A :

Fiches pour scénairos sociaux..149
Renseignements relatifs aux scénarios sociaux 150
Plan d'application d'un scénario social 151
Évaluation d'un scénario social 153

Appendice B :

Scénario social type 155

Appendice C :

Le scénario social du jeu-questionnaire...157

Chapitre 1

Habiletés sociales

La gomme à mâcher

Danyel Orlik

Parfois je mâche de la gomme.

Je mâche un seul morceau à la fois.

Je le retire de son papier d'emballage et le mets dans ma bouche.

Je ferme ma bouche quand je mâche ma gomme.

Je garde la gomme dans ma bouche quand je la mâche.

Quand ma gomme ne goûte plus rien, je la sors de ma bouche et la jette à la poubelle. Parfois, avant de jeter ma gomme à la poubelle, je la mets dans un petit morceau de papier ou de mouchoir.

Donner un cadeau
Ed Staats

Un cadeau est quelque chose que tu donnes à quelqu'un.

Des personnes donnent des cadeaux à d'autres personnes.

Certains cadeaux sont gros.

Certains cadeaux sont petits.

Quand je donne un cadeau à quelqu'un, je peux dire :
« C'est un cadeau pour toi. »

C'est poli de dire : « C'est un cadeau pour toi. »

Les gens disent : « C'est un cadeau pour toi » parce que c'est correct de le dire. Quelques fois des gens me donnent un cadeau.

Quand des gens me donneront un cadeau, je vais essayer de dire : « Merci ».

C'est poli de dire : « Merci ».

Les gens aiment entendre dire : « Merci » quand ils donnent un cadeau.

Le bonheur
c'est se sentir bien
Dave Poortvliet

D'habitude, quand les gens sont heureux, ils sourient. Quand ils sourient, les gens se sentent bien. Quand je souris, les gens savent que je suis heureux.

Les gens ne sont pas toujours heureux. Parfois, les gens sont tristes, bouleversés ou effrayés.

Les choses que j'aime me rendent heureux.

Être avec des gens que j'aime me rend heureux.

Aider les autres
Jessica DeVries

Parfois, les gens ont besoin d'aide.

Parfois les gens ont besoin d'aide pour ouvrir une porte parce que leurs mains sont pleines.

Parfois les gens ont besoin d'aide pour autre chose.

Les gens aiment qu'on les aide.

Parfois les gens n'ont pas besoin d'aide ou ne veulent pas d'aide.

Si je vois une personne et que je pense qu'elle a besoin d'aide, je peux lui demander : « Avez-vous besoin d'aide ? »

Si la personne dit : « Non », je dirai : « Très bien » et je continuerai à faire ce que je faisais.

Si la personne dit : « Oui », je lui dirai : « Qu'est-ce que vous aimeriez que je fasse ? » et je vais essayer de faire ce qu'elle me dit.

Si je ne peux pas faire ce qu'elle me dit, je vais essayer de trouver une autre personne qui pourra le faire.

Comment serrer quelqu'un dans ses bras

Anthony Kim

J'ouvre bien grand mes bras.

Je mets mes bras autour d'une personne.

Je serre doucement cette personne contre moi.

C'est comme ça que je serre une personne dans mes bras.

Comment saluer une personne
Jill Kelly

Quand je vois une personne que je connais, d'habitude je souris et dis : « Allô ».

Parfois, je lui serre la main. Parfois, quand je vais en visite chez des parents ou chez un bon ami, je les serre contre moi ou leur donne une petite tape dans le dos ou sur l'épaule.

Parfois, si je rencontre dans le couloir une personne que je connais, je peux lui sourire, lui faire un signe de la main ou simplement la saluer en baissant un peu la tête. La plupart des gens aiment bien que je leur sourie. Les gens se sentent bien quand on leur sourit.

Comment faire plaisir à une personne

Jenny Wendt

Je peux faire plaisir à une personne simplement en lui souriant.
Je suis heureux quand une personne me sourit.

Je peux faire plaisir à une personne en la serrant dans mes bras.

Quand je dis : « Allô » à une personne, cela la rend heureuse.

Comment se servir du téléphone

Andy Dinger

Bien des gens aiment parler au téléphone.

Parfois, grand-papa ou grand-maman m'appellent et nous parlons au téléphone.

Parfois, d'autres personnes me téléphonent.

Quand le téléphone sonne, je décroche le récepteur et je dis : « Allô ».

Après avoir dit : « Allô », les gens demandent si la personne à qui ils veulent parler est là. Je leur demande s'il veulent bien attendre. Ensuite, je vais chercher la personne à qui ils veulent parler.

Parfois, je ne connais pas la personne qui téléphone. Alors, je demande qui parle.

Parfois, des gens téléphonent mais ils se trompent de maison. Cela veut dire qu'ils ont composé le mauvais numéro. Je peux leur dire : « Je suis désolé, mais vous avez le mauvais numéro. » Puis, je peux raccrocher.

Parfois, je veux téléphoner à quelqu'un. Je décroche le récepteur et je compose son numéro de téléphone.

Quand j'entends qu'il décroche, je peux dire : « Allô ».

Je peux parler à mes amis au téléphone.

Jouer de façon juste
Andy Hoffman

C'est une bonne idée de jouer d'une façon juste avec mes amis.

Parfois, mon ami peut gagner quand nous jouons à un jeu.

Je vais essayer de rester calme si mon ami gagne une partie.

Si mon ami gagne une partie, je vais lui demander de jouer encore.

C'est bien de respecter les règles de façon juste lors des jeux.

Recevoir une gâterie à l'école

Janet Williams

Parfois, quelqu'un me donne une gâterie.

Ça peut être quelque chose à manger, à une occasion spéciale, ou simplement pour faire plaisir.

Je dois faire attention pour prendre seulement le nombre de gâteries que la personne m'offre.

La personne qui a apporté les gâteries doit s'assurer qu'elle en a apporté assez pour tout le monde.

Je vais essayer de me rappeler de dire « merci » à la personne qui m'a donné la gâterie.

Partager
Mark Sheren

Je peux partager des choses avec d'autres personnes. Parfois, ce sont elles qui partagent des choses avec moi.

C'est bien de partager.

Parfois, si je partage des choses avec d'autres personnes, elles deviennent mes amis.

Quand on partage des choses avec d'autres personnes, celles-ci se sentent bien.

Quand je partage des choses avec d'autres personnes, je me sens bien.

Partager des jouets
Melissa Keur

J'aime m'amuser avec mes jouets. Quand je joue avec mes jouets, j'ai du plaisir.

Les autres enfants aiment aussi les jouets.

Ça peut être amusant de jouer avec des jouets et avec d'autres enfants.

Je peux partager mes jouets.

Partager des jouets peut être amusant. Quand je jouerai, je vais essayer de partager mes jouets et d'avoir du plaisir.

Sourire

Amy Wienczkowski

Les gens aiment les autres personnes qui sourient.

C'est bien de sourire parce que cela montre que je suis heureux.

Je vais essayer de sourire souvent.

Parfois, si je ne souris pas, les gens peuvent penser que je suis triste.

Des personnes peuvent me faire des compliments si je souris.

Quand quelqu'un sourit, les autres se sentent bien.

Qu'est-ce que je fais pour dire : « Allô » sans dire un mot

Betsy VanDam

Quand je rencontre de nouvelles personnes, parfois elles tendent la main. C'est une façon de dire : « Allô ».

Je peux avancer ma main vers leur main et la serrer fort. Je vais essayer de regarder les personnes dans les yeux et de sourire. Parfois, ces personnes vont sourire elles aussi. Je lâche alors leur main.

Je peux apprendre à me sentir à l'aise en me servant de cette nouvelle façon de dire « Allô ».

Quand dois-je dire : « Merci » ?
Julie Thomas

Je vais essayer de dire : « Merci », quand quelqu'un fera quelque chose pour moi afin que je me sente bien.

Je vais essayer de dire : « Merci », quand quelqu'un m'aidera.

Je vais essayer de dire : « Merci », quand quelqu'un partagera quelque chose avec moi.

Je me sens bien quand je dis : « Merci », et les autres se sentent bien aussi quand je leur dis : « Merci ».

C'est une bonne chose de dire : « Merci ». Les autres vont savoir que je suis gentil.

Quand dois-je dire : « Excusez-moi » ?

Leann Moore

Je dis : « Excusez-moi », quand il y a une personne ou un groupe de personnes qui bloquent mon chemin.

Je parle gentiment à la personne ou au groupe de personnes à qui je dis : « Excusez-moi ».

J'aime bien que les gens soient gentils avec moi, alors j'essaie d'être gentil avec eux.

Regarder pendant que j'écoute

Brian Rowden

Quand quelqu'un me parle, j'essaie de l'écouter. C'est très bien de faire cela.

Si je regarde le plafond ou d'autres choses dans la pièce, la personne qui me parle ne saura peut-être pas que je l'écoute.

Parfois, j'essaie de regarder une partie de son visage. J'essaie de faire cela pour que l'autre personne sache que je l'écoute. La personne à qui je parle sera très contente que je fasse cela.

Chapitre 2

Les gens et les animaux de compagnie

Est-ce que je peux prendre le bébé ?

Jessica DeVries

18

Beaucoup de gens aiment les bébés. Il faut faire bien attention quand on prend un bébé.

Si j'ai envie de prendre un bébé dans mes bras, je vais demander à un adulte la permission de le faire.

Je vais m'asseoir tout le temps que j'aurai le bébé dans mes bras.

Je vais m'asseoir doucement et bouger lentement.

Quand je ne voudrai plus avoir le bébé dans mes bras, je vais le dire à un adulte.

Je peux bouger quand l'adulte a le bébé dans ses bras.

Parfois, je vais dire : « Merci » à l'adulte qui m'aura permis de prendre le bébé dans mes bras.

J'ai un chat
Chad Zuber

J'ai un chat.

J'aime mon chat.

Habituellement, mon chat aime bien que je le caresse. Mon chat ronronne quand il est heureux. Quand je caresse mon chat, d'habitude je suis heureux moi aussi.

J'aime rendre mon chat heureux. J'aime mon chat.

Je joue avec mon chien

Becky Cunningham

J'ai un chien. Il est gros, il a beaucoup de poil et il aime jouer.

Parfois, je joue avec lui. Je lui lance une balle et il court l'attraper et me la rapporte.

Quand il n'a plus envie de jouer, je peux m'asseoir avec lui et le flatter. Son poil est doux. Il aime ça quand je le flatte. Il se sent bien quand je fais ça. Je le sais parce qu'il remue la queue.

Mon chien peut être un de mes meilleurs amis.

Chapitre 3

Les soins personnels

Les cauchemars
Scott DeJonge

Parfois, j'ai des cauchemars pendant que je dors.

Les cauchemars sont comme des rêves mais ils me font peur.

Ce qui se passe dans les cauchemars n'arrive pas dans la vie, mais seulement dans mon esprit.

Si j'ai peur, je me dis que ça se passe seulement dans mon esprit, que c'est seulement un rêve.

Quand je vais me réveiller, je vais voir que je suis bien.

Prendre une douche

Brandy Irvine

Ça peut être amusant et facile de prendre une douche.

La première chose que je fais c'est d'aller dans la salle de bain puis je ferme la porte.

Ensuite, j'enlève mes vêtements.

Je vais rester sale si je garde mes vêtements pour aller sous la douche.

Ensuite, j'ouvre le robinet et je choisis la température de l'eau comme je l'aime. Quand l'eau est à la bonne température pour moi, je suis heureux de prendre une douche.

Puis, je m'assure que l'eau sort par la pomme de douche.

Quand je prends une douche, je reste debout.

Je me place sous la douche et je me mouille.

Ensuite, je prends un peu de shampoing de la bouteille et je frotte mes cheveux pour bien les laver.

Quand mes cheveux sont propres, je suis content parce qu'ils sont beaux et qu'ils sont doux.

Pour rincer mes cheveux, je laisse couler l'eau sur ma tête.

Quand j'ai fini de laver mes cheveux, je lave mon corps ; je prends du savon et je frotte tout mon corps avec le savon.

Puis, je rince mon corps sous l'eau.

J'aime bien me laver parce qu'après je sens bon.

D'habitude, quand j'ai fini, je ferme le robinet et je sors de la douche.

Quand je suis sorti de la douche, j'ai l'habitude de m'essuyer avec une serviette que je passe partout sur mon corps.

Si je m'essuie bien, mes vêtements ne colleront pas sur moi.

Quand j'ai fini de m'essuyer, je peux mettre des vêtements propres. Alors, j'ai fini d'utiliser la douche.

La douche
Tom Dolce

J'aime être propre. Les gens aiment ça quand je sens bon.

Prendre une douche peut être amusant et rafraîchissant.

J'aime ouvrir le robinet et écouter l'eau couler. On dirait une chute qui coule lentement et calmement.

Ensuite, je vais sous la douche et laisse l'eau couler sur moi.

J'aime l'eau tiède et l'odeur du savon sur ma peau.

Quand j'ai fini de me laver avec du savon et de laver mes cheveux avec du shampoing, je me rince complètement.

Je m'essuie bien.

Quand je prends une douche, je me sens propre et je me sens bien.

D'habitude, je prends une douche chaque jour, c'est tellement plaisant.

Comment se raser
Patrick Elkins

Certaines personnes ont besoin de se raser.

Certaines personnes n'ont pas besoin de se raser.

Pour me raser, je mets de la crème à raser sur mon visage.

Je mets de la crème à raser seulement sur les parties de mon visage qui ont besoin d'être rasées.

Je suis très prudent avec les rasoirs parce qu'ils sont très coupants.

Je prends mon rasoir et rase mon visage avec soin.

Quand j'ai fini de me raser, je rince mon rasoir et le range.

Comment se laver les mains   25
Carie Jonker

Parfois, mes mains sont sales. Je les lave quand elles sont sales.

Je vais au lavabo.

J'ouvre le robinet.

Je mouille mes mains avec l'eau.

Je mets du savon sur mes mains.

Je frotte mes mains ensemble.

Je rince mes mains sous l'eau.

Je ferme le robinet.

J'essuie mes mains avec une serviette.

Pourquoi se laver les mains?

Carie Jonker

Parfois mes mains deviennent sales.

Je devrais me laver les mains quand elles sont sales. Parfois, je dois laver mes mains même si elles ne paraissent pas sales.

Parfois, je mets mes mains devant ma bouche quand j'éternue. Des microbes vont sur mes mains quand j'éternue.

Parfois, il y a des microbes qui vont sur mes mains quand je vais à la toilette.

Je devrais laver mes mains toutes les fois qu'il y a des microbes sur elles.

Je lave mes mains avant de manger.

Mes parents sont heureux quand je me lave les mains.

Pourquoi je porte des vêtements?

Kristen Diekevers

Quand je me réveille, j'enlève mon pyjama et je mets des vêtements.

Quand il fait froid, mes vêtements me gardent bien au chaud.

L'été, mes vêtements me protègent contre les coups de soleil. J'ai différentes sortes de vêtements pour les différentes saisons.

L'hiver, je porte un manteau, des gants, un foulard et des bottes, parce qu'il fait très froid.

L'été, je porte des t-shirts, des shorts et des sandales.

Quand il pleut, je porte un manteau de pluie et je prends un parapluie. Quand je fais de la natation, je porte un maillot de bain.

Les vêtements sont utiles de plusieurs façons pour moi.

Pourquoi porter des chaussures?

Jamie Kinder

D'habitude, je porte mes chaussures quand je vais dehors.

Mes chaussures gardent mes pieds propres et les protègent.

Parfois, je mets des bas avant de mettre mes chaussures.

Je mets une chaussure à chaque pied.

Ça peut être amusant de porter des chaussures.

Si je n'ai pas besoin de porter des chaussures, habituellement, maman ou papa me le disent.

Ma nouvelle chemise
29
Trapper Lukaart

Je porte maintenant une vieille chemise tout usée.

Parfois, j'ai besoin d'une nouvelle chemise et il faut aller l'acheter.

D'abord, je vais penser à la sorte de chemise dont j'ai besoin. Il se peut que j'aie besoin d'un t-shirt, d'un chandail en coton ouaté ou d'une chemise.

Parfois, je vais au magasin avec maman ou papa pour acheter une nouvelle chemise.

Parfois, ça prend beaucoup de temps pour trouver la chemise qu'il me faut.

Je cherche des chemises qui ont les couleurs que j'aime.

Quand j'ai trouvé une chemise que j'aime, il faut parfois que je l'essaie pour voir si elle est de la bonne taille.

Parfois, quand la chemise est de la bonne taille et a les couleurs que j'aime, je peux la donner à maman ou à papa pour qu'ils me l'achètent.

Quand je suis malade
Nikki Wolters

Parfois, je suis malade.

Parfois, quand je suis malade, je tousse.

Quand je tousse, des microbes sortent de ma bouche.

Les microbes peuvent rendre les autres gens malades aussi.

Les gens ne veulent pas être malades.

Alors, je vais couvrir ma bouche avec ma main toutes les fois que je vais tousser.

Les thermomètres
Dave Sterken

Parfois, je me sers d'un thermomètre.

Quand je suis malade, maman doit prendre ma température.

Je fais bien attention pour garder le thermomètre dans ma bouche, sous ma langue, jusqu'à ce que maman le retire.

Elle lit ma température sur le thermomètre.

D'habitude, si la température est très élevée, je suis malade.

Chapitre 4

La cuisine et les repas

Comment faire des carrés au chocolat?

Megan Davis

D'habitude, avant de faire des carrés au chocolat, je demande à maman ou à papa si je peux le faire.

Quand je fais des carrés au chocolat, je lave d'abord mes mains.

J'ai besoin d'un mélange à carrés au chocolat, d'huile, d'œufs et d'eau pour faire des carrés au chocolat.

J'ai aussi besoin d'un grand bol pour mélanger tous ces ingrédients.

Je lis sur la boîte du mélange à carrés au chocolat quelle quantité de chaque ingrédient je dois mettre dans le bol.

Quand je fais des carrés au chocolat, j'essaie de ne rien renverser. Si je renverse quelque chose, je demande à maman ou à papa de m'aider à nettoyer ce que j'ai renversé.

Quand les ingrédients sont bien mélangés, je dois mettre la préparation à carrés au chocolat dans un moule graissé.

Ensuite, je place le moule dans le four. Maman ou papa peuvent m'aider à mettre le moule dans le four.

Quand je suis près du four, j'essaie toujours de faire très attention pour ne pas me brûler.

Je lis sur la boîte du mélange à carrés au chocolat à quelle température je dois allumer le four et combien de temps les carrés doivent cuire. Parfois, les carrés au chocolat cuisent pendant environ 25 minutes à environ 350°.

Je règle la minuterie, pour me rappeler de demander à maman ou à papa de sortir les carrés du four avant qu'ils ne brûlent.

Quand les carrés au chocolat sont cuits, nous les sortons du four. Maman ou papa porte des mitaines de four pour ne pas brûler ses doigts.

Je dois éteindre le four.

Je dois laisser refroidir les carrés au chocolat pendant environ 15 minutes.

Je place la vaisselle sale dans l'évier pour pouvoir la laver.

Quand les carrés au chocolat sont refroidis, parfois je peux en manger un.

Parfois, j'aime manger des carrés au chocolat et boire du lait.

Manger à la table 33
Dan DeHommel

Je m'assois à la table quand c'est le temps de manger.

D'habitude, je mange quand j'ai faim.

Je m'assois à la table quand je mange.

Maman est contente quand je mange à la table.

Comment manger du spaghetti?

34

Erin Klooster

Parfois, maman ou papa font du spaghetti pour manger au souper.

J'aime bien mettre de la sauce tomate sur mon saghetti. Certaines personnes aiment manger leur spaghetti sans mettre de sauce. Il y a différentes façons de manger du spaghetti.

Quand je mange du spaghetti, j'enfonce ma fourchette dans le spaghetti et la fais tourner lentement.

Je fais attention pour prendre seulement une bouchée de spaghetti sur ma fourchette, pour pouvoir l'entrer dans ma bouche.

Si je mets du spaghetti sur mon visage, j'essaie de l'essuyer avec ma serviette de table.

Je raffole du spaghetti.

Comment se comporter à table?

Jenny Friesma

Le souper est habituellement le dernier repas de la journée. C'est aussi souvent le plus gros repas.

Je soupe le plus souvent avec ma famille. Nous mangeons habituellement assis autour de la table, parce que c'est plus facile ainsi de parler à tout le monde.

Quand je prends mon souper, je mange ce qui est dans mon assiette seulement. La plupart des gens n'aiment pas que je prenne de la nourriture dans leur assiette. D'habitude, ils aiment avoir leur propre nourriture, comme moi.

Quand je prends mon souper, j'utilise des ustensiles quand il le faut. J'essaie de ne pas renverser de nourriture sur le plancher, sur la table ou sur les autres personnes.

Comment mettre la table pour les repas?

Daniel Gentit

36

S'il y a des choses sur la table, je dois les placer ailleurs pour ne pas les salir pendant le repas.

Si j'essuie la table avec un linge humide, j'enlève la saleté et la poussière et celles-ci n'iront pas sur la nourriture que je vais manger.

Quand je mets la table pour un repas, d'habitude j'ai besoin d'assiettes, de tasses, de fourchettes, de couteaux, de cuillères et parfois de serviettes de table pour toutes les personnes qui vont manger avec moi.

Je dois mettre une assiette, une tasse, une fourchette, un couteau, une cuillère et une serviette de table à chaque place où il y aura une personne.

À chaque place où une personne sera assise, je mets la fourchette à gauche de l'assiette et je mets la serviette de table, le couteau la cuillère et la tasse à droite de l'assiette.

Maman et papa seront très contents de moi quand j'aurai mis la table.

Je vais mâcher ma nourriture discrètement aux repas   37
Katie Eldean

Parfois, quand je mange, on me dit de mâcher plus discrètement.

D'habitude, c'est plus poli de garder ma bouche fermée pour qu'il n'y ait pas de bruit qui s'en échappe.

Ce n'est pas appétissant d'entendre quelqu'un mâcher en faisant du bruit ou de voir la nourriture dans sa bouche.

Si je regarde les gens qui mangent autour de moi, je vois qu'ils ferment leur bouche pour manger.

Aux repas, je vais prendre de petites bouchées et je vais essayer de mâcher discrètement, en fermant ma bouche.

Prier avant de manger
Katie Eldean

Parfois, ma famille dit une prière avant le repas.

Quand les gens prient, ils partagent leurs soucis, leurs idées et ils expriment leur reconnaissance.

Quand les gens prient, ils sont habituellement calmes et remercient Dieu.

Je vais essayer de rester tranquille et de garder mes yeux fermés pendant la prière.

Je vais essayer de ne pas parler fort, d'interrompre celui qui dit la prière ou d'ouvrir mes yeux pendant la prière. Maman ou papa me dira quand la prière sera finie.

Goûter à des plats nouveaux

Nathan Vannoy

Parfois, quand je mange, je vois un plat nouveau que je ne connais pas. Je ne saurai pas ce qu'il goûte si je n'en prends pas.

Si quelqu'un me demande si je veux de ce plat nouveau, je vais en prendre pour savoir si je l'aime.

Si je goûte à des plats nouveaux et si je les aime, je pourrai en prendre plus.

Si je ne les aime pas, je dirai : « Non, merci. » et je n'aurai probablement plus à en manger.

Si je ne goûte pas aux plats nouveaux, je ne saurai jamais si je les aime. Je vais goûter aux plats nouveaux avant de dire que je ne les aime pas.

Pourquoi manger des aliments sains?

Marci Martin

J'aime manger des aliments sains.

C'est important pour moi de manger des aliments qui font partie des cinq principaux groupes d'aliments, qui sont la viande, les produits laitiers, le pain et les céréales, les fruits, les légumes.

Pour rester en santé, je dois manger des aliments de chacun de ces groupes au moins une fois par jour.

Je vais manger de la nourriture qui est bonne pour moi.

Je suis heureux quand je mange des aliments sains qui me font grandir et rendent mon corps fort.

Chapitre 5

Aider aux travaux ménagers

Faire le ménage de ma chambre

Shelley Boes

Parfois, ma chambre est en désordre.

Parfois, quand ma chambre est en désordre, je ne peux pas trouver les choses que je cherche.

Quand ma chambre est en désordre, je dois faire le ménage.

Je ramasse mes jouets et je les range.

Je ramasse mes vêtements et je les range à leur place.

Maman et papa sont heureux quand ma chambre est en ordre.

Faire mon lit
Andy Veach

Quand je me réveille le matin, je sors du lit.

J'essaie de bien tirer les draps sur mon lit.

J'essaie de bien tirer les couvertures sur mon lit.

J'essaie de placer les oreillers à la tête de mon lit.

Alors, mon lit est fait.

Éteindre les lumières

Tracie Taylor

Je vais essayer de me rappeler d'éteindre les lumières quand c'est le temps de le faire.

Parfois, quand je suis dans une pièce, j'aime allumer les lumières, parce que je vois mieux quand les lumières sont allumées.

Parfois, quand je sors de la pièce, je devrais éteindre les lumières. Si je suis la seule personne dans la pièce, je dois me rappeler d'éteindre les lumières quand je sors de la pièce.

Quand j'éteins les lumières, j'économise de l'argent.

Papa et maman seront contents si j'éteins les lumières au bon moment.

Éteindre les lumières

Dan DeHommel

44

Les lumières me permettent de voir quand il fait noir.

Les lumières m'aident à voir ce que je fais.

Les lumière aident les autres aussi à voir ce qu'ils font.

Les lumières sont éblouissantes et parfois elles font mal à mes yeux quand je les regarde.

Je peux éteindre les lumières quand personne n'en a besoin.

L'aspirateur
Jeff Burgess

Je peux accepter qu'on utilise l'aspirateur chez nous.

Certaines personnes aiment le bruit de l'aspirateur.

L'aspirateur aide à rendre ma maison propre. La plupart des gens aiment les maisons propres.

La plupart des gens aiment avoir un aspirateur.

Quand est-ce que j'ai du courrier ?

Claire Pape

Parfois, je reçois du courrier.

Je sais que le courrier est arrivé si je vois le facteur mettre le courrier dans la boîte aux lettres.

D'habitude, je ne vois pas le facteur mettre le courrier dans la boîte aux lettres.

Parfois, d'autres personnes peuvent aller chercher le courrier dans la boîte aux lettres.

Parfois, le facteur est en retard. Parfois, l'auto du facteur a un problème.

Parfois, le facteur n'apporte pas le courrier. Le dimanche, le facteur n'apporte pas le courrier. Parfois, les jours de congé, le facteur ne vient pas.

Je vais demander à maman et à papa quand je dois aller chercher le courrier.

Maman et papa peuvent me dire quand le facteur n'apporte pas le courrier.

Chapitre 6

Les récréations et les jeux à l'extérieur

Puis-je cueillir des fleurs ?

Angee Vredenburg

Les fleurs ont des couleurs et des formes différentes ; les fleurs sont aussi de grosseurs différentes.

Certaines fleurs sentent bon.

Certaines fleurs ne sentent presque rien.

Parfois, je peux cueillir des fleurs, si je demande d'abord à un adulte si je peux le faire.

J'aime cueillir des fleurs.

Se reposer
Kristy Walton

C'est amusant de jouer.

Parfois, je cours, je saute et je crie quand je joue.

C'est amusant de crier quand je joue.

Parfois, quand je joue, je crie trop fort.

Parfois, maman et papa me disent que je suis trop bruyant. Quand je suis trop bruyant, j'ai peut-être besoin de me reposer.

Parfois, pour me reposer, je peux prendre une collation, faire un petit somme ou regarder la télévision.

Pourquoi faut-il jouer dehors ? 49

Kristyn Fleser

C'est amusant de jouer dehors.

Parfois, quand je joue dehors, je me sens mieux.

Parfois, c'est rafraîchissant et aussi excitant de jouer dehors.

Parfois, je peux jouer sur les appareils de jeux, s'il y en a.

D'habitude, je peux jouer avec mes amis. Eux aussi, ils aiment jouer dehors.

Parfois, je peux m'amuser sur les balançoires.

Quand je joue dehors, j'ai une meilleure attitude.

Parfois, je peux écouter avec mes oreilles et entendre le vent.

Ça peut être amusant de jouer dehors. Quand je joue dehors, parfois j'ai des sensations agréables.

Chapitre 7

Au sujet de l'école

Se préparer pour aller à l'école le matin

Joachim Weitgasser

Quand les élèves vont à l'école, ils se lèvent tôt, parce qu'ils veulent arriver à l'école avant que les cours commencent.

La plupart des élèves aiment avoir le visage et les mains propres quand ils sont à l'école. Parfois, les élèves se lavent eux-mêmes le matin.

Après que je me suis levé, je peigne mes cheveux et je brosse mes dents

Parfois, je prends une douche le matin, parce que je me sentirai mieux. Je veux sentir bon et avoir l'air propre.

Quand je rencontre d'autres personnes, d'habitude j'aime sentir bon et avoir l'air propre.

Quand j'ai fini de me laver, je mets mes vêtements. D'habitude, je change de vêtements tous les jours.

La plupart des gens changent de vêtements tous les jours. Parfois, ceux qui me gardent me disent quels vêtements porter.

La plupart des gens aiment prendre un déjeuner le matin. Parfois, je prends mon déjeuner avant de me laver et de m'habiller.

Parfois, je prends mon déjeuner après que je me suis lavé et habillé.

Je me lève à l'heure que mes parents ou ceux qui me gardent m'ont dit de me lever. Je me lave, je m'habille et je déjeune.

Quand j'ai fini tout ça, habituellement, c'est l'heure d'aller à l'école.

Comment aller à l'école en toute sécurité

Sarah Smeenge

Je m'appelle _____. Je suis en première année.

Je vais à l'école _____. Je demeure à deux coins de rues de l'école.

D'habitude, en quittant la maison, je marche dans l'entrée et me rends sur le trottoir.

Il y a beaucoup de choses à regarder dehors, mais je dois penser à me rendre à l'école.

C'est important de connaître le chemin pour aller à l'école. Je dois savoir de quel côté aller.

Au début, quelqu'un va m'aider et quand je connaîtrai le chemin, j'irai tout seul. Maman, papa ou un ami peuvent m'aider à connaître le chemin. Pour être en sécurité, je dois m'arrêter quand le trottoir finit parce qu'il y a une intersection. Alors, je dois regarder s'il vient des autos.

Quand une auto s'approche de moi, je dois attendre que l'auto soit passée avant de traverser la rue.

Pour être en sécurité, je dois aussi me rappeler de parler seulement aux personnes que je connais.

Quand je m'en vais à l'école, je dois marcher jusqu'à l'école, sans m'arrêter. Je dois observer les règles pour aller à l'école.

Quand je vais à l'école, si je porte attention au chemin que je prends, je me rendrai à l'école en toute sécurité.

Prendre l'autobus scolaire 52
Valerie Lowing

Certains enfants vont à l'école en autobus scolaire.

D'habitude, je prends l'autobus scolaire le matin et me rends à l'école.

Certains enfants aiment voyager en autobus scolaire. Ils trouvent cela amusant.

D'habitude, je remonte dans l'autobus scolaire à la fin de la journée et je reviens à la maison.

Parfois, je ne prends pas l'autobus scolaire. Papa ou maman me le disent quand je ne prends pas l'autobus.

La remplaçante
Bill Kremer

Quand il y a une remplaçante dans ma classe, c'est une bonne occasion d'apprendre des choses d'une nouvelle personne.

Parfois, mon enseignante est absente. Parfois, elle est partie pour apprendre de nouveaux moyens d'enseigner.

La remplaçante essaie d'être aussi gentille que mon enseignante habituelle. Elle est quelques fois un peu nerveuse. Moi aussi, je suis un peu nerveux comme elle. C'est agréable de se faire une nouvelle amie.

Je vais essayer d'être aussi gentil avec la remplaçante que je le suis avec mon enseignante. La remplaçante essaie elle aussi d'être gentille. Je vais respecter les mêmes règles qu'il y a quand mon enseignante est là.

Écouter l'enseignante
Brit Strangways

Il faut écouter l'enseignante.

L'enseignante nous aide à apprendre.

Quand j'ai une question, je lève ma main et j'attends que l'enseignante me demande ce que je veux.

Je peux écouter l'enseignante quand elle montre quelque chose. Je vais essayer d'écouter ce que l'enseignante dit.

Parfois, il y a une remplaçante. J'écoute la remplaçante.

Qu'est-ce que je dois faire quand l'enseignante parle ?

Kelly Goward

Je vais à l'école presque tous les lundis, mardis, mercredis, jeudis et vendredis.

Il y a beaucoup d'autres enfants à l'école. Dans ma classe, d'habitude, les enfants sont assis à leur pupitre.

Quand l'enseignante parle à la classe, d'habitude les enfants sont tranquilles. Quand un élève veut dire quelque chose, d'habitude il lève la main et attend que l'enseignante lui demande ce qu'il veut.

Quand l'enseignante va parler à toute la classe, je vais essayer d'être tranquille et d'écouter.

Quand je voudrai dire quelque chose, je vais essayer de me rappeler de lever ma main et d'attendre que l'enseignante me demande ce que je veux.

L'enseignante sera contente si je suis tranquille et que j'écoute.

L'enseignante sera contente si je lève ma main avant de parler.

Attendre mon tour pour parler en classe

Jamie Sabourin

Dans une classe, il y a beaucoup d'élèves qui veulent parler en même temps.

C'est difficile pour une enseignante d'entendre un éleve, si tout le monde parle en même temps.

Quand je veux parler à l'enseignante en classe, d'habitude je lève ma main et reste assis calmement.

D'habitude, quand je lève ma main, l'enseignante me demande ce que je veux. Je dois attendre que ce soit mon tour pour parler.

Si je veux parler à l'enseignante pendant la classe, je lève ma main et j'attends que l'enseignante me demande ce que je veux.

Rester tranquille en classe   57
Tyler Steketee

La plupart du temps, c'est plaisant d'être en classe.

Si je reste tranquille en classe, je vais apprendre plus de choses.

Plus j'apprends de choses, plus je peux en faire.

Si je reste tranquille, mon enseignante va être contente et elle va me montrer d'autres choses.

La plupart du temps, c'est très amusant d'apprendre de nouvelles choses.

Si je reste tranquille en classe, cela va m'aider à comprendre ce que l'enseignante dit.

Comment demander de l'aide? 58
Jackie Leese

Parfois, les élèves ont des travaux à faire et ils ne savent pas comment les faire.

Parfois, quand les élèves ne savent pas comment faire leurs travaux, ils se sentent frustrés.

Je vais essayer de rester calme si je ne sais pas comment faire mes travaux.

Les élèves peuvent demander de l'aide à leur enseignante, s'ils en ont besoin.

C'est bien de demander de l'aide à l'enseignante.

Si j'ai besoin d'aide pour faire mes travaux, je vais demander à quelqu'un de m'aider.

Poser des questions en classe   59
Katie Wood

Parfois, quand je suis en classe, j'ai des questions à poser.

Quand je veux poser une question, je lève ma main et j'attends que l'enseignante me demande ce que je veux. Quand l'enseignante dit mon nom, cela veut dire que c'est à mon tour de poser ma question.

Je vais alors baisser ma main et poser ma question à l'enseignante.

L'enseignante va faire tout ce qu'elle peut pour répondre à ma question.

Je vais essayer d'écouter attentivement sa réponse.

Parfois, l'enseignante ne connaît pas la réponse à ma question. C'est normal, elle ne peut pas tout savoir.

Je vais essayer d'attendre patiemment et calmement que mon enseignante me demande de poser ma question.

Voulez-vous, s'il vous plaît, répéter ?

Kristy Moseler

Quand je ne comprends pas ce qu'une personne me dit, je dois lui demander de répéter ce qu'elle a dit.

Je peux la regarder et lui dire : « Voulez-vous, s'il vous plaît, répéter ? Je ne comprends pas. »

La personne répétera la question, alors je pourrai comprendre ce qu'elle me demande.

Je pourrai alors répondre correctement parce que j'aurai compris la question.

Qu'est-ce que je suis censé faire quand j'ai du temps libre ?

Sarah Smeenge

D'habitude, j'ai du temps libre presque tous les jours où je vais à l'école. Normalement, il y a une récréation le matin et une autre l'après-midi.

La récréation est un moment où je peux aller dehors. Je peux marcher et courir. Je peux aussi parler à voix haute.

Quand je suis en classe, souvent il faut que je reste assis, que je sois tranquille et que je fasse mon travail. J'écoute aussi mon enseignante.

Quand je vais dehors, je peux parler et bouger. Je peux choisir mes jeux. D'habitude, il y a des jeux sur lesquels je peux grimper, glisser ou me balancer.

Je peux aussi jouer à un jeu avec d'autres élèves. Parfois, je joue au chat et à la souris ou au baseball.

La récréation, c'est le bon moment pour dépenser le surplus d'énergie que j'accumule pendant que je suis calmement assis en classe.

Quand la récréation est terminée, je me sens prêt à retourner calmement en classe. Je suis prêt à écouter et à apprendre. C'est amusant et utile d'avoir une récréation.

Les réunions
Amy Kovach

Parfois, durant l'année scolaire, mon horaire change. Parfois, je vais à une réunion.

Beaucoup d'élèves pensent que c'est amusant d'aller aux réunions.

Quand il y a une réunion, mon enseignante ou un autre adulte me dit à quel moment et à quel endroit me rendre à la réunion.

Quand il y a une réunion, il y a beaucoup de gens. D'habitude, il n'y a pas seulement les gens de ma classe.

Parfois, nous allons à une réunion pour écouter quelqu'un parler. Si c'est à ce genre de réunion que je vais, je m'assois où on me dit de m'asseoir. Je vais essayer d'être calme.

Je vais essayer d'écouter ce que dit la personne qui parle. D'habitude, j'applaudis quand la personne a fini de parler. Je vais essayer d'applaudir en même temps que tous les autres élèves.

Parfois, nous allons à des réunions où il y a beaucoup d'ambiance. D'habitude, tous les élèves de l'école participent à ce genre de réunion. À ces réunions, il est normal de faire du bruit et de nous amuser.

Quand j'irai à ces réunions, je vais essayer de remarquer ce que les autres font, alors je saurai ce que je suis censé faire. Si tout le monde rit ou applaudit, cela veut dire que c'est le bon moment de rire ou d'applaudir.

Quand les gens se lèvent, je me lève aussi.

D'habitude, quand les gens applaudissent, j'applaudis aussi.

Si quelqu'un parle à un micro, j'essaie d'être calme pour pouvoir entendre ce qu'il dit.

Quand je vais aller à une réunion, je vais essayer de m'amuser.

Quand l'alarme de feu est sonnée

Erin Klooster

Parfois, quand je suis en classe, j'entends une alarme. Cela veut dire qu'il y a un exercice pour le feu.

Un exercice pour le feu donne aux élèves la chance d'apprendre ce qu'il faut faire quand il y a un feu. D'habitude, il n'y a pas vraiment de feu, quand il y a un exercice pour le feu.

Mon enseignante attend que les élèves de ma classe et moi nous nous placions en file à la porte. Je marche tranquillement avec les autres vers l'entrée.

Je sors dehors et attends que mon enseignante dise que nous pouvons retourner à l'intérieur.

L'exercice pour le feu est terminé quand mon enseignante nous ramène à l'intérieur.

Qu'est-ce que je fais pendant un exercice pour le feu?

Crissy DeWeerd

Parfois, à l'école, il y a des exercices pour le feu. Ce sont seulement des exercices. D'habitude, les exercices pour le feu ne durent pas longtemps.

D'habitude, il n'y a pas de vrai feu. Je dois m'exercer pour être prêt si un feu se déclare.

Quand j'entends l'alarme, je me lève tranquillement de ma chaise au moment où mon enseignante me dit de le faire.

Je fais la file avec les autres élèves de ma classe et nous allons dehors avec notre enseignante.

Quand l'exercice pour le feu est terminé, je peux retourner à ma classe.

Les annonces de l'après-midi

Scott Kohsel

Tous les jours, l'après-midi, il y a des annonces. J'essaie d'être calme et d'écouter.

C'est important d'être calme.

Je vais essayer de m'asseoir et d'être attentif. Ce qu'on dit est important pour moi. Je vais essayer d'écouter, de cette façon je pourrai savoir ce qui va se passer.

C'est pour cette raison que j'écoute les annonces de l'après-midi.

Pourquoi dois-je faire des devoirs ?

Felicia Kinde

Pendant la semaine, je vais habituellement à l'école.

Quand je vais à l'école, parfois, mon enseignante me donne des devoirs à faire à la maison. Parfois, j'aime mieux faire autre chose.

Si je fais mes devoirs, je vais probablement apprendre des choses nouvelles et peut-être mettre en pratique ce que je sais déjà.

Quand on me demandera de faire des devoirs, je vais essayer de les faire de mon mieux.

Chapitre 8

Les déplacements

Les escaliers roulants   67
Dan Wyma

Dans beaucoup de magasins, il y a des escaliers roulants.

Je peux les utiliser pour monter ou descendre.

Les escaliers mécaniques sont très sécuritaires, quand on s'en sert de la bonne façon.

Je dois regarder si l'escalier monte ou descend.

Quand je mets le pied sur une marche de l'escalier mécanique, je me tiens à la rampe jusqu'à ce que les marches mobiles glissent sous le plancher devant moi.

Quand les marches glissent sous le plancher, le plancher ne bouge pas.

Beaucoup de gens aiment utiliser les escaliers roulants.

Conduire une auto

Kristen Dressel

Quand je dois aller loin, d'habitude j'utilise une auto.

Je vais en auto avec des gens que je connais, comme les gens de ma famille. Parfois, mes parents ou mes enseignants m'invite à aller en auto avec eux.

J'ouvre la porte de l'auto pour monter dans l'auto.

J'attache toujours ma ceinture pour être en sécurité.

Quand je reste tranquille dans l'auto, le conducteur peut mieux se concentrer. Je dois garder mes mains près de moi. Je dois aussi parler calmement quand quelqu'un conduit.

Quand je me promène en auto, je dois garder la porte fermée. Le conducteur arrête le moteur et me dit quand je peux ouvrir la porte sans danger et sortir de l'auto.

Circuler en auto   69
Vicki L. DeLang

Parfois, je circule en auto et je vais dans d'autres endroits.

J'ouvre la porte de l'auto, je monte dans l'auto et je m'assois.

Quand je suis bien assis, je prends ma ceinture de sécurité, je la tire devant moi et je la boucle.

Quand je circule en auto, je m'assois bien calmement et regarde le paysage.

Parfois, l'auto a l'air d'être très près des autres autos, mais je suis quand même en sécurité. Le conducteur sait ce qu'il faut faire et il le fait bien.

Boucler la ceinture

Kristen Oberg

70

Quand je vais en auto, je boucle ma ceinture. Je suis alors en sécurité.

La ceinture est parfois trop serrée ou inconfortable mais elle me garde en sécurité.

Chaque fois que je vais en auto, je prends la ceinture de sécurité et je la boucle. Quand j'entends un «clic», je sais que ma ceinture est bien en place. Je sais que je suis en sécurité.

Je suis en sécurité avec la ceinture. Pour cette raison je la boucle quand je vais en auto.

Pourquoi dois-je boucler la ceinture de sécurité ?

Jessica Maier

Quand maman ou papa vont au magasin, ils y vont d'habitude en auto.

Parfois, je vais avec eux. Ils me disent toujours de boucler ma ceinture de sécurité. Ils m'aiment et ils ne veulent pas que je sois blessé. Parfois, une voiture heurte une autre voiture. C'est important pour moi de boucler ma ceinture de sécurité, de cette façon je ne pourrais pas tomber de mon siège.

Je vais toujours boucler ma ceinture de sécurité.

Chapitre 9

Les gens du voisinage

Aller au lave-auto

Suzanne Spoelhof

Parfois, l'auto est sale. C'est la neige ou la pluie ou d'autres choses qui se trouvent sur la route qui la salissent. L'auto n'a pas l'air propre.

Pour laver l'auto, maman ou papa vont au lave-auto.

Les lave-autos ne sont pas tous pareils. Parfois, je peux sortir de l'auto et la regarder se faire tirer à travers le lave-auto. Parfois, je reste dans l'auto avec maman ou papa. Nous nous faisons tirer à travers le lave-auto.

L'auto entre dans le lave-auto. L'eau tombe sur l'auto et la rince. Je ne me fais pas mouiller parce que je suis dans l'auto et l'auto me protège. Je suis en sécurité.

Ensuite, il y a du savon qui se répand sur l'auto. Le savon lave l'auto, comme le savon que j'utilise dans le bain me rend propre.

Puis, deux ou trois rouleaux de brosses frottent l'auto. Ça fait beaucoup de bruit.

Je vais essayer de me pas avoir peur des brosses parce que je sais que je suis en sécurité. Les brosses sont à l'extérieur de l'auto et je suis à l'intérieur.

Quand les brosses s'arrêtent de frotter, il y a beaucoup d'eau qui tombe sur l'auto pour la rincer complètement.

L'eau arrête de tomber. L'auto avance sous de longs morceaux de tissu qui ressemblent à des serviettes qui pendent du plafond. Ces morceaux de tissu essuient l'auto.

Il y a ensuite de gros séchoirs qui poussent de l'air chaud pour enlever les gouttes d'eau qui restent sur l'auto. Les séchoirs font du bruit.

Je suis toujours en sécurité.

L'auto passe encore sous d'autres morceaux de tissu qui tombent du plafond.

Le lavage de l'auto est terminé. L'auto est propre.

Aller à l'église

Randy Riksen

Parfois, les gens vont à l'église.

Certaines personnes pensent que c'est plaisant d'aller à l'église. Parfois, à l'église, je peux chanter. Quand je chante, je m'assure que je peux entendre la personne qui chante à côté de moi.

Parfois, je m'assois à côté de personnes que je ne connais pas. C'est poli de leur dire « allô » quand elles me disent « allô ».

C'est une marque de respect de s'asseoir calmement pendant que le prêtre ou quelqu'un d'autre parle devant les gens rassemblés à l'église. Si quelqu'un me demande de parler, je vais parler tout bas pour ne pas déranger les autres personnes autour de moi.

Comment se tenir pendant la prière ?

Melissa Schipper

Je vais à l'église le dimanche.

Le prêtre me parle et il parle à beaucoup d'autres personnes.

Quand c'est le temps de prier, le prêtre dit habituellement : « Prions ».

J'incline la tête, je ferme mes yeux et je joins mes mains.

Quand le prêtre va prier, je vais essayer de rester calme et de m'asseoir sans bouger.

Quand le prêtre a fini de prier, il dit : « Amen ».

Parfois, le prêtre ne dit pas : « Amen ». Maman et papa vont me dire quand nous aurons fini de prier.

Quand le prêtre a fini de prier, j'ouvre mes yeux et regarde le prêtre.

Parfois, quelqu'un d'autre que le prêtre prie. Je vais essayer d'agir de la même façon que je le fais quand c'est le prêtre.

Je vais essayer de m'asseoir sans bouger quand quelqu'un priera.

Aller à la bibliothèque

Kelly Rodgers

À la bibliothèque, c'est tranquille.

Je peux prendre des livres pour les lire. Parfois, je peux emprunter des vidéos ou lire des revues.

La bibliothèque est un bon endroit où étudier, faire ses devoirs ou faire une recherche pour mon travail à l'école.

Quand j'irai à la bibliothèque, je vais essayer d'être calme.

Quand j'aurai une question ou que j'aurai besoin de parler à quelqu'un, je vais parler tout bas.

Si je trouve un livre que j'aime, je pourrai le lire à la bibliothèque ou l'apporter à la maison.

Si je veux apporter des livres à la maison, j'irai voir le préposé au comptoir du prêt et je vais les lui montrer.

Le préposé va noter que je les emprunte et je pourrai les apporter à la maison.

Le préposé va inscrire une date sur une feuille collée dans la page couverture. C'est la date à laquelle je devrai rapporter les livres à la bibliothèque.

Parfois, j'ai besoin d'aide pour trouver un livre que j'aimerais lire. Je peux alors aller demander au préposé qui se trouve au comptoir ou à une autre personne qui travaille à la bibliothèque de m'aider. D'habitude, ces personnes sont heureuses d'aider les gens qui fréquentent la bibliothèque à trouver un livre.

Pourquoi je vais me faire couper les cheveux ?

Amy Wolkowitz

Mes cheveux poussent toujours.

Parfois, ils ont besoin d'être coupés.

Les barbiers ont une formation pour couper les cheveux. Habituellement, les barbiers ne font pas mal quand ils me coupent les cheveux.

Je dois essayer de me souvenir que c'est sécuritaire de me faire couper les cheveux.

Chapitre 10

Les restaurants et les magasins

Une sortie au restaurant

Sam Rodriquez

Parfois, je vais manger au restaurant avec ma famille. Ça peut être agréable d'aller au restaurant.

Parfois nous allons dans un grand restaurant. Parfois nous allons dans un petit restaurant.

Quand nous ferons une sortie au restaurant, je vais essayer de bien me comporter.

D'habitude, il y a d'autres personnes qui mangent aussi au restaurant. Parfois, c'est l'hôtesse ou l'hôte qui m'indique où m'asseoir.

D'habitude, je choisis ce que je veux manger parmi les mets inscrits au menu. Je vais essayer d'être poli avec le serveur ou la serveuse.

Parfois, je commande ce que je veux au comptoir.

Attendre qu'une table soit libre 78
Janet Willians

Quand je vais au restaurant, il se peut qu'il n'y ait pas de table libre quand j'arrive.

Il se peut qu'il y ait d'autres personnes qui attendent, elles aussi, qu'une table soit libre.

Certaines de ces personnes sont peut-être arrivées au restaurant avant moi, alors il faudra que j'attende mon tour pour être placé.

Parfois, il y a une liste de personnes qui attendent qu'une table soit libre. Je peux inscrire mon nom de famille ou celui d'une personne avec qui je mangerai sur la liste.

Quand on va dire le nom que j'ai écrit sur la liste, ce sera mon tour d'aller à une table.

Une sortie au restaurant   79
Denise Andringa

La plupart des gens aiment aller manger au restaurant.

Quand les gens vont au restaurant, parfois ils s'habillent bien, s'ils ont choisi d'aller dans un restaurant chic. Maman et papa vont me dire si je dois bien m'habiller quand nous irons au restaurant.

Parfois, il faut que j'attende qu'une table soit libre pour aller m'y asseoir. Ça ne fait rien parce que je sais que je pourrai m'asseoir.

Quand je suis assis, je lis le menu pour choisir ce que je mangerai et ce que je boirai. Je le dis ensuite à maman et à papa.

Quand le serveur ou la serveuse vient me demander ce que j'aimerais manger, je le lui dis.

Parfois, c'est un peu long avant que le repas soit servi, mais nous aurons ce que nous avons commandé. Parfois, les boissons sont servies avant le repas.

Parler au restaurant
Carrie Rikkers

Parfois, papa et maman ou des membres de la parenté aiment aller manger au restaurant.

Parfois, ils m'amènent avec eux. Ça peut être amusant d'aller manger au restaurant.

Papa et maman ou la parenté vont me dire à quel genre de restaurant nous allons.

Si c'est un restaurant chic, nous devrons bien nous habiller.

Au restaurant, je vais essayer de parler bas. Certaines personnes autour de la table aiment parler aux autres sans être interrompues.

Même si je parle bas, les autres personnes avec lesquelles je suis assis peuvent m'entendre.

Je vais essayer de parler bas, alors les autres personnes ne seront pas dérangées et ne s'en iront pas.

J'aime rendre les gens heureux, alors je vais faire de mon mieux pour parler calmement.

Quand puis-je manger avec mes doigts ?

Carrie Rikkers

Parfois mes parents aiment m'amener manger au restaurant.

Quand nous arrivons au restaurant, quelqu'un nous indique à quelle table nous asseoir et nous donne le menu.

Mes parents m'aident à commander mon repas. Ils savent quel prix ils peuvent payer et quelle nourriture est bonne.

Quand le serveur ou la serveuse m'apporte mon assiette, d'habitude je me sers de mes ustensiles pour manger.

C'est bien de ramasser la nourriture qui tombe sur mes cuisses avec mes doigts. Je peux la prendre et la mettre sur le bord de mon assiette.

Parfois je mange avec mes doigts, si mes parents me disent que je peux le faire. Je peux aussi demander si je peux manger avec mes doigts.

Si je ne peux pas manger avec mes doigts, je me sers de mes ustensiles.

Une sortie au restaurant
Molly Hayes

Manger au restaurant ce n'est pas la même chose que manger à la maison. Il y a d'autres personnes qui mangent au restaurant, elles aussi.

Je m'assois à une table et je lis le menu. Sur le menu, il y a beaucoup de mets. Je vais essayer de me comporter de mon mieux quand il y aura d'autres personnes autour de moi.

La serveuse me demande ce que j'aimerais manger. Je lui dis ce que j'ai choisi et elle va le commander à la cuisine. Parfois, je dois attendre longtemps avant que la serveuse apporte mon assiette. Alors, j'ai de plus en plus faim.

Je vais essayer d'être patient en attendant mon repas.

Parfois mon repas est servi dans plusieurs assiettes. C'est bien ainsi. Les ustensiles placés à côté de mon assiette servent à manger différents plats. Je me sers de mes ustensiles pour manger.

Quand mon repas est terminé, la serveuse m'apporte l'addition, car je dois payer le repas que j'ai mangé. Parfois, il y a des petits bonbons à la menthe avec l'addition.

Quand j'ai payé l'addition, je quitte le restaurant.

Le magasinage
Carrie Rikkers

83

Quand je vais magasiner avec mes parents, ils savent déjà ce qu'ils vont acheter. Parfois ils ont fait une liste d'achats, parfois ils n'ont pas fait de liste, mais ils se rappellent ce qu'ils veulent acheter.

Quand ils ont fait une liste, je peux regarder ce qui est écrit sur la liste et essayer de trouver les articles sur les rayons.

Parfois j'ai envie d'une petite gâterie. Je peux demander à mes parents de m'acheter une petite gâterie, si je vois quelque chose que j'aimerais avoir.

Mes parents savent ce qui est bien pour moi. Ils vont me dire si je peux avoir une gâterie. Ils peuvent dire :«non» ou «une autre fois».

Acheter des souliers
Jamie Kinder

Je porte des souliers pour garder mes pieds au chaud et pour les protéger.

Parfois mes souliers sont vieux et tout usés. Alors, j'ai besoin d'avoir des souliers neufs.

Parfois je vais au magasin de chaussures pour acheter des souliers.

Un homme ou une femme m'aidera à trouver des souliers qui me feront bien.

Je vais essayer d'être tranquille au magasin de chaussures.

Ça peut être amusant d'acheter des souliers neufs.

Chapitre 11

Le temps qu'il fait

La grêle

Suzanne Speolhof

La grêle est naturelle.

Quand il grêle, ce sont de petites billes de glace qui tombent comme la pluie.

Le bruit de la grêle qui tombe sur les maisons et les objets à l'extérieur est parfois effrayant.

La grêle fait parfois beaucoup de bruit. Je suis en sécurité à l'intérieur.

Les jours de pluie
Jamie Kinder

Le temps n'est pas toujours beau.

Parfois il pleut.

Quand il pleut, de l'eau tombe du ciel.

Parfois je peux aller dehors sous la pluie. Je vais demander à un adulte si je peux aller sous la pluie en toute sécurité.

Je devrais porter un imperméable quand je vais dehors sous la pluie. Un imperméable gardera mes vêtements secs.

Comment faire un ange dans la neige ?

Hank Kulfeldt

Quand vient l'hiver, la neige tombe. La neige est mouillée et très froide.

Certains enfants aiment jouer dans la neige.

Parfois, quand la neige tombe sur ma peau, elle me chatouille.

Parfois je peux jouer dans la neige. Parfois je fais des anges dans la neige. C'est amusant de faire des anges dans la neige. Les anges dans la neige sont bien jolis.

Quand il neige, j'attends jusqu'au matin et je demande à maman ou à papa de m'aider à mettre mes vêtements d'hiver.

D'abord, je mets mes vêtements d'hiver pour ne pas avoir froid. Parfois, mes vêtements d'hiver m'aident à rester en santé.

Je mets mon habit de neige, mes bottes, un chapeau, des mitaines. Parfois je porte aussi un foulard.

Parfois maman ou papa va m'aider à mettre mes vêtements d'hiver.

Parfois je me promène dehors et il fait froid. Je cherche un endroit où il y a beaucoup de neige et qui est près de la maison et loin de la rue, un endroit où je pourrai faire un ange dans la neige. Je m'assure d'être loin des arbres et des arbustes, pour être en sécurité.

Parfois, je peux faire un ange dans la neige.

1. Je m'assois dans la neige.

2. Je me couche sur le dos, alors je peux regarder le ciel devant mes yeux.

3. J'étends mes bras dans la neige et les ramène près de mes hanches, puis je les ramène au-dessus de ma tête en les traînant dans la neige.

4. Je déplace mes jambes d'un côté et de l'autre, puis je m'arrête.

5. Je m'assois bien droit.

6. Je me lève et me retourne pour voir l'ange que je viens juste de faire.

Mon ange dans la neige est bien joli.

Les orages et le tonnerre

Jamie Kinder

Les orages font beaucoup de bruit.

Le bruit peut être très fort. Parfois le bruit fait mal à mes oreilles.

Je ne peux pas voir le tonnerre. Je suis en sécurité à l'intérieur.

D'habitude, les orages ne durent pas très longtemps. Quand l'orage est fini, le bruit du tonnerre s'arrête.

Que faire quand il pleut ?
Jenny Friesema

La pluie tombe et s'arrête sans qu'on s'y attende. Si je veux savoir s'il pleuvra aujourd'hui ou demain, je peux écouter le bulletin de météo à la radio ou à la télévision.

Si je suis à l'extérieur et qu'il commence à pleuvoir, j'essaie de trouver un endroit pour me mettre à l'abri. Si je reste dehors, je me ferai probablement mouiller.

S'il commence à pleuvoir pendant que je suis à la maison ou à l'école, j'essaie de me rappeler si j'ai laissé quelque chose qui m'appartient à l'extérieur. Si quelque chose est resté à l'extérieur, il sera mouillé.

Si j'ai laissé quelque chose à l'extérieur, je vais demander la permission pour aller le chercher. Après, je le mettrai à l'abri.

Les pannes de courant

Charlie Frayman

Parfois, quand il y a des orages, il y a aussi des pannes de courant.

Les orages peuvent nous faire peur. Nous pouvons avoir peur aussi quand il n'y a plus de courant. Parfois, quand il y a une panne de courant, la lumière peut s'éteindre pendant quelques secondes, pendant quelques minutes ou pendant quelques heures. Pour me sentir mieux, je peux fermer mes yeux ou je peux demander à quelqu'un de me serrer contre lui.

D'autres personnes près de moi peuvent avoir peur , elles aussi. Quelqu'un près de moi peut avoir besoin que je le serre contre moi, aussi.

Des orages, ça peut faire du bien   91
Courtney Richter

Je pense que les fleurs sont jolies.

J'aime le gazon bien vert aussi.

Si les fleurs et le gazon ne reçoivent pas d'eau, ils mourrront peut-être ou ne seront plus beaux. La pluie qui provient des nuages apporte aux fleurs et au gazon l'eau qu'il leur faut.

Parfois, une lumière éclatante et un grand bruit proviennent des nuages. C'est un éclair et le tonnerre.

Parfois, le vent souffle vraiment très fort et je peux entendre le bruit du vent dans les arbres.

Si je regarde par la fenêtre, je peux voir la pluie qui tombe sur les fleurs et les arbres.

C'est normal qu'il y ait des éclairs et du tonnerre quand il pleut.

Après la pluie, les fleurs et l'herbe seront plus éclatantes et tout le monde sera heureux.

Chapitre 12

Les jours de fête, les vacances et les loisirs

La Saint-Valentin

Anna Canales

Le 14 février est le jour de la Saint-Valentin.

Le jour de la Saint-Valentin, je peux montrer à des personnes que je les aime.

Il y a beaucoup de choses que je peux offrir à des personnes que j'aime le jour de la Saint-Valentin. Je peux offrir des bonbons, des fleurs ou même une carte de souhaits.

Je peux fabriquer une carte avec du papier. Je peux dessiner de gros cœurs rouges sur la carte.

Je peux fabriquer une carte de la Saint-Valentin pour chacune des personnes que j'aime.

La Saint-Valentin est une journée spéciale où je peux montrer à des personnes que je les aime.

L'hymne national
Janet Williams

Parfois, l'hymne national est joué par des musiciens ou il est chanté.

C'est une chanson qui est particulière à notre pays.

Beaucoup de gens pensent que notre pays est particulier. Ils pensent que notre hymne national est particulier aussi.

Quand on joue ou chante l'hymne national, je me lève et reste debout. Il se peut qu'il y ait aussi un drapeau près de moi ; je peux le regarder tout en écoutant l'hymne.

Si je porte un chapeau, je l'enlève pendant qu'on joue l'hymne.

Le feu de la Saint-Jean   94

Chaque année, j'ai mon anniversaire de naissance. Ma province a aussi son anniversaire. C'est le 24 juin.

À mon anniversaire, je reçois des présents et j'ai un gâteau d'anniversaire. Quand c'est l'anniversaire de ma province, il y a parfois des feux d'artifice pour le célébrer. Je regarde les feux d'artifice à l'extérieur ou à la télévision.

Les feux d'artifice ne sont pas dangereux. Si j'ai peur, je me serre contre ma mère ou mon père. Je me sens plus en sécurité quand je me serre contre ma mère ou mon père

Je vais laisser un adulte allumer les feux d'artifice, c'est plus sécuritaire pour moi.

La natation
David Albrecht

Si je fais de la natation les jours où il fait chaud, l'eau va me rafraîchir.

Parfois c'est bien amusant d'aller me baigner avec ma famille et mes amis.

La natation est un exercice qui va me rendre plus fort.

Quand je vais aller me baigner, je vais porter mon gilet de sauvetage et je serai en sécurité.

Je demanderai toujours à un adulte de me surveiller quand j'irai me baigner.

Les vacances
Michelle Huyser

Parfois, il n'y a pas de cours à l'école. Je suis alors en vacances.

Quand ce sont les vacances, les écoles sont fermées.

C'est normal d'être à la maison un jour de semaine quand je suis en vacances.

D'habitude c'est amusant les vacances.

Parfois, les vacances durent un ou deux jours. Parfois, les vacances durent une ou deux semaines. Parfois, les vacances sont plus longues.

Quand les vacances sont finies, les cours recommencent. D'habitude je peux retourner à l'école.

Une visite au zoo
Shelley Boes

Ça peut être amusant d'aller au zoo.

Quand je vais au zoo, je peux voir beaucoup d'animaux différents.

Les animaux sont gardés en cage pour que je sois en sécurité.

Je vais garder mes mains en dehors des cages.

Au zoo, c'est amusant, parce que je peux apprendre toutes sortes de choses sur les animaux.

Une sortie au théâtre

Linda Hurd

Parfois, maman et papa veulent aller voir une pièce de théâtre.

Dans une pièce de théâtre, des gens portent des costumes et jouent les personnages d'une histoire.

Parfois les pièces de théâtre sont drôles et me font rire. Ces pièces de théâtre sont des comédies.

Parfois les pièces de théâtre sont sérieuses. Ce sont des tragédies.

Je ne peux pas parler pendant une pièce de théâtre sauf si c'est très important.

Je vais essayer d'écouter ce que les comédiens disent dans la pièce de théâtre.

Je vais essayer d'être tranquille. Il y a des gens autour de moi qui essaient d'écouter la pièce de théâtre.

Une journée au stade

Beth Cigler

Parfois maman et papa m'amènent voir une partie de baseball.

Parfois c'est l'équipe de l'école secondaire qui joue, parfois c'est une équipe professionnelle.

Parfois, le stade est loin. Ça peut prendre beaucoup de temps pour s'y rendre. J' essaie d'être patient. Je m'amuse à des jeux tranquilles dans l'auto jusqu'à ce qu'on arrive.

Je sors de l'auto et je marche jusqu'au stade.

Je cherche ma place et je la trouve. Si j'ai besoin d'aller à la toilette, je le dis à maman ou à papa. L'un ou l'autre m'amène à la toilette.

Parfois j'ai des souvenirs.

Je peux demander à maman ou à papa de m'acheter un souvenir. Parfois ils disent: « oui » et parfois ils disent: « non ». Peu importe la réponse, j'essaie d'être heureux.

Si j'ai faim, je le dis à maman ou à papa. Il se peut qu'ils m'achètent quelque chose à manger. Il se peut qu'ils me demandent d'attendre.

Il y a habituellement 9 manches dans une partie. S'il commence à pleuvoir, il se peut que la partie soit retardée ou annulée.

Quand la partie est terminée, nous retournons à l'auto et rentrons à la maison.

Parfois, nous faisons un arrêt pour manger.

Les jeux vidéo
Beth Cigler

Parfois je joue à des jeux vidéo.

Parfois j'ai le choix entre plusieurs jeux. Ce ne sont pas tous les enfants qui ont beaucoup de jeux vidéo pour s'amuser.

Je peux jouer tout seul ou je peux demander à quelqu'un d'autre de jouer avec moi.

Nous jouons chacun à notre tour.

Parfois je gagne aux jeux vidéo, parfois je perds.

Ça ne me fait rien si je perds. J'essaie d'être bon joueur. Être bon joueur, c'est jouer de façon juste. Un bon joueur reste calme quand il perd.

Chapitre 13

Matériel pour l'élaboration des scénarios sociaux

Matériel pour la réalisation des scénarios sociaux

Carol Gray

Préparatifs

Les scénarios sociaux décrivent des situations sociales qui présentent des difficultés pour les jeunes autistes en faisant ressortir des indices sociaux reliés à leur vécu et, souvent, proposent des réponses appropriées. Les scénarios sociaux visent à informer les élèves autistes des réalités de la vie en société, en prenant soin, toutefois, de minimiser les aspects sociaux des rapports d'enseignant à élève inhérents à l'enseignement. Ainsi, l'information nécessaire pour la vie en société est-elle communiquée le plus clairement possible et les interférences issues des interactions sociales immanentes à l'enseignement traditionnel, réduites au minimum.

Les scénarios sociaux ont été conçus pour répondre aux besoins individuels de l'élève. On peut reconnaître ces besoins

1) en observant les situations qui présentent des difficultés pour l'élève ;

2) en examinant les réponses de l'élève à des questions concernant des situations sociales, réponses qui indiquent que l'élève fait une « mauvaise lecture » d'une situation donnée ;

3) à l'aide des instruments d'évaluation des habiletés sociales.

Élaborés à partir des besoins précis de l'élève, les scénarios sociaux peuvent

1) décrire n'importe quelle situation sociale en dégageant les indices souvent pertinents ou corriger les réponses de l'élève d'une façon non menaçante pour ce dernier, ou encore faire les deux à la fois ;

2) pratiquer des habiletés sociales choisies en fonction des besoins particuliers de l'élève ;

3) traduire les objectifs (si possible fixés par les élèves) en étapes concrètes et compréhensibles ;

4) expliquer le caractère « fictif » des histoires, des films ou autres produits de l'imagination, qui se retrouvent dans le commerce ; distinguer, dans ces histoires, les interactions qui sont dans la « vraie vie » appropriées de celles qui ne le sont pas ;

5) enseigner des routines aux élèves aussi bien que leur apprendre à s'adapter aux changements qui surviennent dans ces routines, c'est-à-dire leur apprendre à « oublier » ;

6) enseigner les matières scolaires avec en arrière-plan un cadre social réaliste, en aidant les élèves à faire des liens entre les habiletés acquises et les situations réelles de la vie ;

7) traiter un large éventail de comportements, incluant ceux associés à l'agression et à la peur, ainsi que des obsessions et des compulsions.

Les scénarios sociaux sont habituellement écrits par des parents ou des professionnels. L'expérience a montré que les scénarios sociaux ont plus de chance d'être efficaces si on les utilise avec des élèves qui fonctionnent au niveau ou au-dessus de la déficience intellectuelle moyenne. Il n'est pas nécessaire de savoir lire. La présentation de scénarios sociaux au moyen de cassettes audiovisuelles a donné de bons résultats avec des élèves incapables de lire.

Pour élaborer un scénario social

D'abord, ciblez une situation difficile pour un élève et observez ce qui se passe. Les scénarios sociaux présentent des faits qui ont lieu couramment et aussi des changements qui peuvent survenir dans une routine. Recherchez les éléments que vous pouvez voir et entendre et relevez-les. De plus, essayez d'imaginer d'autres éléments qui pourraient faire partie de la situation en question mais qui ne s'y trouvent pas. Retenez-les comme des variantes possibles. La fiche intitulée *Information pour scénarios sociaux* (Appendice A : Fiches pour scénarios sociaux) pourrait vous aider à recueillir les données nécessaires. Par exemple, le cours d'éducation physique a-t-il toujours lieu le mardi à 10 h 30 ou est-il parfois annulé ? Les élèves se placent-ils toujours en file dans le même ordre ? Quand un élève fait la file pour aller dîner, devrait-il faire quelque chose de différent de ce qu'il fait quand il fait la file à la fin de la journée ? Posez-vous beaucoup de questions tout en observant, de sorte que chaque scénario que vous écrirez soit très réaliste et comporte des variantes qui fassent partie de la routine. Rappelez-vous qu'il y a deux perceptions valables de la situation que vous observez : la vôtre et celle de l'élève autiste. En observant l'élève dans une situation donnée, tentez de trouver ce qui peut motiver ses réponses dans la présente situation. L'élève semble-t-il craintif? Semble-t-il plus sensible à la situation que les autres élèves? Que dit-il de la situation? *C'est la vision et la perspective de l'élève qui vous aideront à relever les aspects de la situation que vous traiterez dans votre scénario social. C'est la vision de l'élève qui détermine sur quoi portera l'accent de cette scène.*

Les scénarios sociaux comprennent quatre types de phrases: **descriptives**, **perspectives**, **directives** et des **phrases de contrôle**. Les phrases descriptives présentent la situation de façon objective : lieu où la scène se passe, personnes y participant, ce qu'elles font et pourquoi elles le font. Les phrases perspectives décrivent les réactions et les sentiments des autres dans une situation donnée. Les phrases directives viennent souvent après les phrases descriptives; elles indiquent, par une formulation appropriée, à quels types de réponses on s'attend dans une situation donnée ou à la suite d'un indice. Les phrases directives commencent souvent par: « Je peux... », « Je ferai... » ou « Je travaillerai tel aspect ». Les phrases de contrôle sont *écrites par l'élève autiste lui-même.* Dans ces phrases, l'élève indique les moyens qu'il utilisera pour se rappeler l'information contenue dans la scène de la vie en société. Voici un exemple de chaque type de phrase :

> Parfois, une personne dit: « J'ai changé d'idée » (descriptive)
> Cela veut dire que cette personne avait une idée mais que, maintenant, elle en a une autre. (perspective)
> Je vais travailler ma patience, c.-à-d. essayer de garder mon calme, quand une personne change d'idée. (directive)
> Quand une personne dit: « J'ai changé d'idée », je peux penser à une personne qui a écrit quelque chose, l'a rayé, puis a écrit quelque chose d'autre. (contrôle)

Parmi ces types de phrases, les trois plus importantes sont les phrases descriptives, les perspectives et les phrases de contrôle. La marche à suivre pour écrire la plupart des scénarios sociaux est de composer *au moins trois à cinq* phrases descriptives, perspectives ou de contrôle pour chaque phrase directive dans un scénario :

| 1 | énoncé directif |
| + 2 - 5 | **phrases descriptives, perspectives et de contrôle** |

Scénarios sociaux

L'erreur la plus fréquente dans la rédaction de scénarios sociaux est de fournir trop peu de phrases descriptives et perspectives, et trop de phrases directives. Plus il y a de phrases descriptives et perspectives dans une scène et moins il y a de phrases directives, plus l'élève a de chance de trouver ses propres nouvelles réponses à une situation donnée. Prenez le temps de décrire soigneusement ce que les gens font et pourquoi ils le font. Rappelez-vous, cependant, qu'une scène entièrement descriptive peut semer la confusion chez certains élèves, les rendant incapables de saisir ce qu'on attend d'eux. Ces élèves auront besoin d'énoncés directifs dans la scène.

Conseils pour la rédaction d'une première scène de la vie en société

- Utiliser un langage que l'élève comprendra facilement : vocabulaire et caractère d'impression tenant compte des habiletés de l'élève.

- Écrire les scènes de la vie en société à la première personne et au présent, comme si l'élève décrivait les faits comme ils se produisent.

- Les scènes peuvent être écrites au futur, pour décrire une situation à venir, de façon à la faire paraître moins menaçante. Il peut être utile de relier certains aspects de l'événement à venir à un événement, un environnement plus familier ou à une activité connue.

- Les scénarios sociaux n'ont pas nécessairement besoin d'être illustrés pour être efficaces. Les illustrations peuvent être une source de distraction pour certains élèves. Une feuille de papier noir vous semblera peut-être appropriée pour servir de fond au texte de la scène (quelques phrases par page). C'est un bon moyen d'attirer l'attention sur les mots écrits, qu'on place au bas de la feuille noire. Des photographies ou des bonshommes dessinés peuvent aussi être utilisés.

Les scénarios sociaux décrivent souvent un aspect ou une étape d'une situation sociale par page, de façon à détailler les différentes étapes de la situation. N'écrire que quelques phrases à chacune des pages. De cette façon, le scénario peut également contenir des éléments du programme scolaire ou comme un scénario décrivant des interactions (deux variantes des scénarios sociaux qui sont décrites dans les sections qui suivent).

- Éviter l'emploi de mots comme **toujours**, utiliser plutôt des mots comme **habituellement** ou **parfois**.

- Formuler les phrases directives positivement, de manière à faire connaître les réponses souhaitées plutôt que de décrire des comportements problématiques.

Variantes

Scénarios séquentiels

Les scénarios séquentiels sont des scénarios sociaux qui sollicitent la participation active de l'élève : il s'exerce à développer certaines habiletés sans sentir la confusion de la situation naturelle où ces habiletés doivent être exercées. Souvent, les scénarios séquentiels sont écrits dans le but de faire apprendre une séquence de gestes ou d'activités. Par exemple, chaque page (d'une scène) décrit une étape de la routine quotidienne. Une page est consacrée à chacune des étapes de cette routine. À la fin du scénario, il y a une liste de contrôle de toutes les étapes de la routine, et l'élève coche lui-même chacune des étapes du scénario qu'il a franchies.

Si on retire de la séquence une page au choix, une étape de la routine disparaît. D'abord, on offre à l'élève la possibilité de retirer une page ; ce retrait a pour conséquence que le personnage du scénario « oublie » une étape de la routine. L'élève signalera cet oubli en ne cochant pas l'étape « oubliée » sur la liste de contrôle à la fin de l'exercice. L'élève « aide » le personnage en replaçant la page de l'étape manquante ; il peut alors cocher l'étape sur la liste de contrôle.

Par la suite, le personnel peut « soustraire » une étape de la séquence de la même manière, en enlevant une des pages. En portant bien attention, l'élève trouve l'étape oubliée au moment où il fait sa vérification à l'aide de la liste de contrôle. L'élève doit alors demander l'aide de l'enseignant pour replacer l'étape manquante de la scène.

Cette façon de procéder permet au sujet d'apprendre à régler le problème de l'« oubli », en demandant de l'aide, d'abord dans un contexte plus sécurisant et moins stressant, c'est-à-dire par la lecture d'un scénario social. En lisant plusieurs fois la scène, le sujet apprend également la routine décrite dans la scène, et il pourra reconnaître les étapes oubliées et mieux se tirer d'affaire avec des oublis, quand il aura à accomplir la routine en question.

Avec l'utilisation des scénarios séquentiels, on peut aussi aborder l'apprentissage de l'organisation d'une séquence. Il suffit de cacher les numéros des pages du scénario et de placer les pages au hasard. L'élève doit rétablir la séquence en replaçant les pages dans le bon ordre.

Scénarios scolaires

Beaucoup d'élèves autistes ont de la difficulté à transposer les habiletés scolaires en formation dans des situations de la «vraie vie». On peut accroître la valeur ou l'impact d'un scénario social par l'emploi d'une forme qui permette l'insertion, dans le scénario, d'un bon nombre de pages présentant un contenu éducatif relié au sujet de la scène, sans pour autant changer le fil conducteur du scénario. C'est ce qu'on appelle un scénario scolaire.

Donc, les scénarios scolaires contiennent différents éléments du programme scolaire. Étant donné que les lectures répétées augmentent généralement l'efficacité des scénarios sociaux, ce contenu contribue aussi à maintenir l'intérêt de l'élève. Les scénarios sociaux peuvent être composés de façon à ce qu'on puisse y glisser facilement des pages à contenu éducatif. Par exemple, après la description et la photographie d'un élève faisant la file, une page à contenu mathématique peut demander à l'élève de compter le nombre d'élèves (ou le nombre de filles, de garçons ou de sourires) en file sur la photographie de la page précédente.

Les insertions à contenu éducatif peuvent être faites en fonction d'objectifs scolaires précis pour un élève donné, par exemple, l'emploi de l'écriture, des mathématiques ou le recours à ses capacités de deviner. Les scènes à contenu éducatif se servent de situations de la vie sociale (ou de toute autre situation), tirées d'expériences de la vie même de l'élève, en guise de toile de fond pour montrer des applications pratiques du contenu scolaires et les rapports qui existent entre ce dernier et la vie courante.

Un scénario social type

Il peut être difficile pour un enseignant de répondre à tous les besoins de scénarios sociaux. Pour résoudre ce problème, l'enseignant peut écrire un scénario de base, une sorte d'esquisse que le personnel de soutien rend plus personnelle et finalise. Les scénarios sociaux types sont utiles aux membres du personnel de soutien, car ceux-ci doivent avoir une grande confiance en leurs moyens pour écrire un scénario social. S'ils disposent d'un scénario social type au départ, il leur est plus facile d'ajouter des éléments rendant la scène plus personnelle que d'en rédiger une à partir de rien. (Appendice B : Scénario type)

Un scénario type indique la direction à donner à une scène personnalisée destinée à un élève en particulier. Les scènes de base sont écrites dans une forme **descriptive**. Certaines parties de la scène peuvent être rayées ou modifiées de façon à correspondre à une situation ou à un environnement précis de la vie d'un élève. De plus, des énoncés **directifs** peuvent être ajoutés pour mieux adapter la scène à la vie de l'élève.

Autres variantes de scénarios sociaux

En plus des scénarios séquentiels, des scénarios scolaires et des scénarios types, il y a d'autres variantes fondamentales des scénarios sociaux qui peuvent être utilisées pour traiter d'autres habiletés et d'autres situations. Elles seront décrites dans la prochaine section.

Les **scénarios comportant un but** incluent une habitude associée à la réussite — c'est-à-dire à la fixation d'un but. Ces scénarios sont écrits sans phrases directives. C'est l'élève qui fournit les phrases directives. Par exemple, après la description d'une situation quelconque, l'élève complète la phrase directive : « *Je ferai...* », et cela devient le but qu'il devra poursuivre lorsque la situation en question surviendra.

Les **scénarios à jugement** fournissent un large éventail d'indices visuels et fonctionnels pour aider l'élève à porter le bon jugement. Par exemple, pour aider un élève qui chante plus fort que les autres membres d'une chorale, un scénario à jugement peut comporter des énoncés comme « *Le volume indique avec quelle force une personne chante. Pour être sûr de respecter le bon volume, je dois être capable d'entendre chanter la personne à côté de moi. Je sais reconnaître le moment où quelqu'un doit chanter* *en solo. Celui qui chante en solo chante seul. Une personne qui chante en solo utilise un microphone. »*

Les **scénarios traitant l'agression** sont fortement descriptifs et suggèrent, dans une formulation positive, les réponses désirées. L'observation attentive de l'élève dans une situation d'agression permet souvent de déterminer les causes de l'agression. Ces scènes décrivent la situation minutieusement et de façon exhaustive ; les phrases sont directives et écrites à la forme positive, de façon à indiquer les réponses attendues.

Les **scénarios traitant des peurs et des craintes** sont fortement descriptifs et comportent une description visuelle du début et de la fin de la situation. Ces scènes décrivent les facteurs qui peuvent déclencher des réactions de frayeurs ou d'angoisse. Il est important de respecter les réactions de l'élève et d'éviter des phrases comme « *On n'a pas besoin d'avoir peur de...* »

Les **scénarios traitant les « obsessions » et les « compulsions »** décrivent de façon terre à terre les habiletés ou les situations liées à un comportement cible. Une longue observation peut montrer que tel comportement de l'élève résulte davantage d'un malentendu qu'il n'exprime une volonté déterminée de reproduire ce comportement ou d'adopter un comportement particulier et rigide. Par exemple, un élève efface invariablement ce qu'il écrit, écrivant et effaçant la même lettre plusieurs fois. Conséquemment, il fait des trous dans la feuille. Une observation attentive montre que l'élève tente de reproduire les formes dactylographiées des lettres. Il faut donc écrire un scénario social qui lui apprenne que les mots écrits à la main sont formés différemment des mots écrits à la machine et que c'est normal que les mots écrits soient légèrement différents chaque fois.

Des **scénarios comportant des questions et des réponses** montrent la relation entre une question et une réponse. Par exemple, à la question familière « Maman, un biscuit ? », on peut répondre en décrivant, une par une, toutes les réponses possibles de la mère. Les titres des scènes peuvent prendre la forme d'une question, qui sera suivie d'une réponse générale descriptive. Par exemple, le titre peut être : « Que ferons-nous à Disneyland ? »

Les **scénarios de médias** traitent des aspects confus ou ambigus des dessins animés, des histoires ou d'autres écrits médiatiques.

Les **scénarios de groupe** sont écrits à l'intention de tout un groupe d'élèves et peuvent comporter une phrase directive à caractère plus personnel, où il y a des espaces à remplir. Par exemple, un scénario de groupe écrit en vue de préparer une classe à la tenue d'une prochaine réunion décrit la réunion et se termine avec une phrase directive que chaque élève complétera : « À la réunion, j'essaierai de… »

Étant donné qu'il y a autant de sujets possibles pour écrire des scénarios sociaux qu'il y a d'élèves, d'habiletés et de situations, on ne doit pas considérer la liste ci-dessus comme exhaustive.

Présentation d'un scénario social

Il faut apporter autant d'attention et de soin dans la présentation d'un scénario social qu'il en a fallu pour écrire un scénario adapté à la situation et aux besoins particuliers d'un élève. Dans la présente section, il sera question de quelques-unes des précautions les plus fondamentales à respecter dans la présentation des scénarios sociaux.

La façon de présenter le texte à chacune des pages dépend grandement de la capacité d'attention de l'élève, de son habileté à lire et de sa capacité de compréhension. Certains élèves n'ont aucune difficulté à comprendre un scénario social dont le texte est dactylographié et occupe toute la page. Pour d'autres, il faudra peut-être grossir le caractère d'impression, n'écrire que quelques phrases à chaque page ou apporter d'autres modifications qui faciliteront la lecture et la compréhension du scénario. Pour voir de façon plus détaillée les différentes étapes d'une situation, les scénarios sociaux décrivent souvent un seul aspect ou une seule étape d'une situation par page. Cela permet, de plus, d'introduire des contenus éducatifs dans les scénarios sociaux ou d'en faire des scénarios séquentiels.

Pour attirer l'attention sur les mots écrits, souvent on imprime le texte du scénario sur du papier de construction noir. Chaque idée pourrait ainsi apparaître sur sa propre feuille de papier noir. On sait par expérience que l'emploi de papier de construction noir et le traitement d'une seule idée par page donnent souvent de bons résultats avec de jeunes élèves intéressés aux mots.

Dans le cas de certains élèves, particulièrement les jeunes élèves ou ceux qui ne peuvent pas lire par eux-mêmes, l'emploi de cassettes audio peut s'avérer utile à la compréhension du scénario. Il s'agit d'enregistrer le texte du scénario sur une cassette et d'enregistrer le son d'une cloche ou tout autre signe sonore qui indique quand il faut tourner chaque page. On montre ainsi à l'élève à utiliser un lecteur de cassettes tout en « lisant » un scénario social.

Dans le cas d'élèves qui aiment regarder des vidéocassettes ou qui ne peuvent pas lire par eux-mêmes, il peut être utile d'enregistrer des scènes de la vie en société sur des vidéocassettes. Quand on recourt à ce moyen, il faut enregistrer le contenu de chaque page. Il faut, de plus, accorder à l'élève assez de temps pour « lire » chaque page. Si on raconte à haute voix la scène en même temps qu'on en présente l'image, on est devant deux options : on lève le volume et une voix se fait entendre racontant la scène ; ou on baisse le volume et l'élève peut lire la scène lui-même. Les séquences filmées de la situation décrite dans le scénario peuvent être insérées sur la vidéocassette entre les parties écrites de la scène.

Application et évaluation d'un scénario social

L'utilisation et l'évaluation d'un scénario social exige autant sinon plus de soin et d'attention que la cueillette d'information, la rédaction et la présentation de la scène. La présente section donne des conseils et des idées pour la présentation, la révision et le suivi de l'efficacité d'un scénario social.

Tenez compte de l'expérience et des connaissances des autres. Efforcez-vous d'obtenir la coopération, la compréhension et l'aide des gens concernés par la situation en cause : leur collaboration est essentielle à la réussite de l'élève. Avant de présenter la scène à l'élève, distribuez, à des collaborateurs, des photocopies de votre projet de scénario social et demandez-leur d'apporter, au besoin, des corrections. Celles-ci peuvent être de tous ordres : modifier des éléments inadéquats, donner plus de détails. Leurs commentaires vous épargneront, à vous et à l'élève, des peines inutiles. *La rédaction finale du scénario bénéficiera des idées et de la réaction des autres ; le temps consacré à l'étape de la consultation en vaut grandement la peine.*

Lorsque vous présentez le scénario pour la première fois, essayez de trouver un endroit tranquille où il risque d'y avoir peu de distractions. Vous trouverez peut-être utile de vous asseoir à côté de l'élève, légèrement derrière et de biais avec celui-ci. Toute l'attention devrait porter sur l'histoire, et le personnel devrait intervenir le moins possible. L'important c'est que l'élève *prenne connaissance de l'information contenue dans le scénario de la scène lui-même.*

Il est également important de faire connaître à tous les intervenants le but visé par un scénario social et les moyens mis en œuvre pour l'atteindre. Les idées suivantes peuvent s'avérer utiles. Après avoir vu le scénario avec l'élève, demandez-lui de présenter le scénario en question aux personnes jouant un rôle dans la situation décrite dans la scène. Le fait que ces personnes lisent à haute voix la scène et en présence de l'élève amène celui-ci à comprendre rapidement que tous ont la même information et les mêmes attentes. En outre, ceux qui aident l'élève à apprendre une nouvelle réponse dans une situation donnée comprennent ainsi mieux leur rôle et peuvent faire référence à cette scène quand l'élève rencontre une difficulté dans la situation en question. Vous pouvez aussi vous servir de la fiche intitulée *Plan d'application d'un scénario social* : après l'avoir remplie, vous pourrez en distribuer des photocopies aux différents intervenants dans la situation décrite dans la scène (Appendice A : Fiches pour scénarios sociaux). La cohérence dans l'attitude de tous les intervenants peut avoir une influence directe sur l'efficacité de la scène et, par conséquent, sur le progrès le l'élève.

Déterminez à quelle fréquence vous voulez revoir le scénario avec l'élève. De nombreux parents et professionnels trouvent que la lecture d'un scénario une fois par jour, et peut-être juste avant le déroulement réel de la situation décrite dans le scénario, convient très bien. Écoutez l'élève pour obtenir des indices quant à la fréquence et au temps appropriés pour revoir la scène. Si l'élève vous fait comprendre qu'il « n'a pas besoin de la lire » un jour précis, on peut en faire sauter la lecture un jour. Dans ce cas, il sera utile de dire à l'élève que vous demanderez peut-être que le scénario soit lu à un autre moment. Quand un élève maîtrise bien les apprentissages d'une scène, ne la rangez pas, placez-la plutôt dans un endroit visible et accessible à l'élève, de sorte qu'il puisse y référer au besoin. Beaucoup d'élèves éprouvent une grande fierté à indiquer dans un carnet les scénarios « maîtrisés » et, souvent, ils les revoient d'eux-mêmes.

Quand un scénario fait partie de la routine d'un élève, vérifiez constamment son efficacité. Une observation attentive vous fera peut-être prendre conscience que certaines parties de la scène sont abstraites ou ambiguës. Si tel est le cas, récrire ces parties pourrait améliorer la performance de l'élève. Pour l'aider davantage au fur et à mesure de ses progrès, vous pouvez éliminer quelques-unes des phrases directives du scénario. Pour « suivre » les progrès de l'élève, vous pouvez vous servir de la fiche Évaluation d'un scénario social (Appendice A : Fiches pour scénarios sociaux).

Révision : jeu-questionnaire

Vous trouverez, à l'Appendice C, un jeu-questionnaire qui vous permettra de vérifier si vous avez bien retenu la matière du présent chapitre et si vous pouvez la mettre en application. C'est essentiellement ce que vise ce jeu-questionnaire portant sur les conseils relatifs à la rédaction de scénarios sociaux. Les réponses apparaissent à la fin du jeu.

Appendice A :

Fiches pour scénarios sociaux

Les enseignants et les consultants qui utilisent beaucoup les scénarios sociaux peuvent trouver la méthode un peu fastidieuse; en effet, il faut passablement de temps pour écrire des scénarios sociaux (surtout au début) et un bon sens de l'organisation pour en mener plusieurs de front. Les fiches de scénarios sociaux, qui sont présentées dans les pages qui suivent, ont été conçues pour faciliter le travail des intervenants qui doivent écrire des scénarios sociaux et qui les utilisent; ces fiches peuvent réduire le temps qu'ils consacrent à ces tâches.

La première fiche, intitulée *Renseignements relatifs aux scénarios sociaux*, vise à ordonner les observations et à faciliter la cueillette de renseignements pertinents. Toutes les fois qu'une situation fait l'objet d'un apprentissage pour un élève, une de ces fiches peut être utilisée pour noter les renseignements nécessaires à la rédaction du scénario relatif à cette situation. Une fiche de renseignements relatifs aux scénarios sociaux bien remplie est une garantie que l'intervenant a en main tous les renseignements nécessaires à la rédaction d'un scénario social.

La deuxième fiche, intitulée *Plan d'application d'un scénario social*, comporte des précisions relativement à la façon de procéder dans l'utilisation d'un scénario social donné et à l'horaire des séances de revue du scénario avec l'élève. Des copies de cette fiche peuvent être remises à chacun des membres du personnel qui entre en contact avec l'élève. Les renseignements conservés sur cette fiche ont trait à la méthode et aux moyens matériels employés dans un scénario social donné; ils peuvent aider à en concevoir d'autres et à les utiliser.

La troisième fiche, *Évaluation d'un scénario social*, consigne des renseignements sur les progrès ou les difficultés d'un élève relativement à un scénario social donné. Cette fiche est très utile aux consultants qui tentent de suivre l'apprentissage de plusieurs élèves dans différentes situations. Elle est un moyen efficace de communication entre un consultant et un enseignant et peut également servir de référence dans l'avenir.

Renseignements relatifs aux scénarios sociaux

Renseignements généraux

Nom _____ Année scolaire _____

Classe _____ Enseignant _____ École _____

Apprentissage scolaire :   *Intérêts/habiletés particulières :*

Habileté en lecture : _____ _____

Compréhension : _____ _____

Math. : _____ _____

Jour/heure de :

Art _____ Musique _____ Éduc. physique _____

Physiothérapeute _____ Ergothérapeute _____ Oral _____

Autres _____

Noms de quelques compagnons de classe/amis _____

Autres renseignements généraux _____

Observations

Situation en cause : _____

Heure ? _____ Jour(s) ? _____ jusqu'à (date) _____

Description générale de la situation en cause : _____

Réponse de l'enfant : _____ Toujours ? _____

Réponse souhaitée : _____

L'enseignant attribue la réponse à : _____

Les parents attribuent la réponse à : _____

L'enfant attribue la réponse à : _____

Date/ premières observations :

Date : _____/_____/_____/ Jour : _____ Heure : _____

Remarques : _____

_____

_____

Plan d'application d'un scénario social

Nom _____ Date : ____/____/____/
Titre du scénario _____

Forme de scénario :
Texte _____ Texte et cassette audio _____ Scénario sur vidéocassette _____

Suggestion pour utilisation :
Début d'utilisation du scénario : ____/____/____/

1. Pour présenter le scénario _____
   _____
   _____
   _____

2. Horaire des séances de revue _____
   _____
   _____
   _____

3. Évaluation des réponses _____
   _____
   _____
   _____

Dates d'évaluation du progrès :
   ____/____/____/ ; ____/____/____/ ; ____/____/____/ ;

Moyens suggérés pour adapter le scénario
   _____ récrire le scénario _____ changer l'horaire des séances de revue
   _____ diminuer le nombre de signes verbaux ou autres _____ autres moyens

Matériel et activités :

_____ revoir l'horaire affiché de la classe
_____ indices / scénario
_____ revoir, modifier les règles écrites de la classe aide-mémoire
_____ billets qui restent affiché situations-scénario
_____ chemise pour scénario
_____ oral
_____ quotidien
_____ calendrier activités sociales / buts
_____ autres

Date / deuxième observation :

Date : _____/_____/_____/ Jour : _____ Heure : _____

Remarques : _____
_____
_____

Facteurs qui peuvent varier, changer, etc. : _____
_____
_____
_____
_____
_____

Variantes possibles pouvant être utilisées :

_____ Espaces à remplir
_____ Généralisation au moyen d'autres scénarios
_____ Scénario de contrôle
_____ Scénario relatif à la peur
_____ Scénario à contenu éducatif
_____ Scénario relatif au jugement

Idées _____
_____

Évaluation d'un scénario social

Nom _____ Date : _____/_____/_____/

Titre du scénario _____

Matériel ou activités : _____

Horaire actuel de revue : _____

Pensez-vous que le scénario a un effet positif ? _____

Réponses actuelles de l'enfant à la situation en cause _____

Réaction de l'enfant à l'histoire du scénario _____

Le scénario soulève-t-il des problèmes ? Non_____ Oui_____

Expliquez _____
_____
_____

Suggestion de révisions, etc. : _____
_____
_____

S'il vous plaît, retourner l'évaluation à :   de :

Merci

Appendice B:

Scénario social type

EN FILE

Parfois, les gens sont en file.

Les gens sont en file pour diverses raisons. Il y a des files d'attente, des files de gens qui marchent, des files lentes et des files de groupes.

Il y a des files d'attente quand des gens attendent pour faire quelque chose ou acheter quelque chose. Parfois, les gens dans les files d'attente attendent que tout le monde se mette en file. Parfois, les gens en file d'attente attendent le bon moment pour se mettre en marche.

Les gens dans les files d'attente ne sont pas toujours immobiles. Parfois, ils sont fatigués d'être immobiles et ils bougent: ils peuvent se gratter la tête ou se déplacer un peu. Parfois, quand ils bougent, ils touchent aux autres personnes autour d'eux.

D'habitude, les files d'attente deviennent des files de gens qui marchent. Tous ceux qui attendaient se mettent à marcher. Dans une file de gens qui marchent, chaque personne suit la personne devant elle. Les files de gens qui marchent permettent à ces gens de se déplacer d'un endroit à un autre en toute sécurité. Les élèves dans les écoles se déplacent en file.

Les files d'attente lentes sont des files qui se déplacent un peu de temps en temps. Dans les files d'attente lentes, les gens font quelques pas puis s'arrêtent encore. Parfois, les files de gens dans une épicerie sont des files lentes. Parfois, les files de gens chez McDonald sont des files lentes.

Appendice C :

Le scénario social du jeu-questionnaire

Le but de ce jeu-questionnaire est d'apprendre à mettre en pratique les conseils relatifs à la rédaction de scénarios sociaux destinés aux élèves autistes de façon à rendre ces scénarios plus clairs. En tenant compte des conseils relatifs à la rédaction de scénarios sociaux, choisissez, pour chacun des numéros ci-dessous, la formulation qui vous semble la plus facile à comprendre par l'élève autiste.

1. _____ a) Voici Johanne.
   _____ b) Voici une belle photo de Johanne.
   _____ c) Johanne souriait au moment de cette photo. Beaucoup de gens aiment les photos montrant des enfants qui sourient.

2. _____ a) Parfois les enfants ont des problèmes de mathématiques qu'ils ne sont pas capables de résoudre.
   _____ b) C'est difficile les mathématiques.
   _____ c) Les enfants aiment apprendre les mathématiques.

3. _____ a) Ne parle pas fort à la bibliothèque.
   _____ b) Quand j'aurai besoin de parler à la bibliothèque, je vais parler calmement et chuchoter.
   _____ c) Ne parle pas à la bibliothèque.

4. _____ a) Nous allons dehors à la récréation.
   _____ b) D'habitude, nous allons dehors à la récréation.
   _____ c) Les enfants s'amusent à la récréation.

5. _____ a) Parfois, Mme Leblanc parle à tous les enfants en même temps. Elle fait ça quand elle veut dire la même chose à tous les enfants.

   _____ b) L'enseignante enseigne à la classe.

   _____ c) Mme Leblanc parle à toute la classe.

---

6. _____ a) Il n'y a aucune raison pour avoir peur des séchoirs à mains.

   _____ b) Les séchoirs à mains sont faits pour sécher les mains. Ils s'arrêtent au bout d'environ une minute.

---

7. _____ a) La remplaçante a la responsabilité de la classe.

   _____ b) Mme Leblanc prépare par écrit le programme des cours de la journée pour la remplaçante. Le programme des cours dit à la remplaçante ce qu'elle doit faire.

   _____ c) Les remplaçantes savent ce qu'il faut faire.

---

8. _____ a) Je vais chanter calmement.

   _____ b) Quand je vais chanter, je vais m'assurer que je peux entendre chanter la personne qui est à côté de moi.

   _____ c) C'est gênant de chanter plus fort que tout le monde.

---

9. _____ a) Je vais à l'école.

   _____ b) Je vais à l'école les lundis, mardis, mercredis, jeudis et vendredis.

   _____ c) Je vais à l'école les lundis, mardis, mercredis, jeudis et vendredis. Parfois, il n'y a pas de cours ces jours-là. Maman ou papa va me le dire quand je n'aurai pas de cours.

Réponses au jeu-questionnaire sur la rédaction en fonction des enfants autistes:
1-c, 2-a, 3-b, 4-b, 5-a, 6-b, 7-b, 8-b, 9-c.

www.ingramcontent.com/pod-product-compliance
Lightning Source LLC
Chambersburg PA
CBHW081111080526
44587CB00021B/3544